Pasqualina Perrig-Chiello
Martina Dubach
(Hrsg.)

Brüchiger Generationenkitt?

Generationenbeziehungen im Umbau

Forum für Universität und Gesellschaft
Universität Bern

Publikation des

u^b

b
UNIVERSITÄT
BERN

Brüchiger Generationenkitt?

Generationenbeziehungen im Umbau

Herausgegeben von

Pasqualina Perrig-Chiello
Martina Dubach

Mit Beiträgen von
Jürg Altwegg, Franjo Ambrož, Michelle Cottier, Martina Dubach,
Margareta Hehl, François Höpflinger, Elena Hubschmid,
Margrit Hugentobler, Martin Kohli, Christoph Morgenthaler,
Pasqualina Perrig-Chiello, Ruth Reusser, Verena Steiner, Heidi Stutz,
Marc Szydlik, Norbert Thom, Barbara Zohren

Projektleitung: Prof. Dr. Pasqualina Perrig-Chiello
Projektkoordination: Dr. Martina Dubach
Projektgruppe: Dr. Suzanne Braga, Prof. Dr. Samuel Leutwyler,
Prof. Dr. Paul Messerli, NR Regula Rytz, Dr. Christoph Stalder, Pfr. Jürg Welter
Lektorat: Dr. Sara Hutchison

vdf Hochschulverlag AG an der ETH Zürich

Projekt und Publikation wurden durch die Stiftung
«Universität und Gesellschaft» unterstützt.

Bibliografische Information der Deutschen Nationalbibliothek
Die Deutsche Nationalbibliothek verzeichnet diese Publikation in der Deutschen
Nationalbibliografie; detaillierte bibliografische Daten sind im Internet über
http://dnb.d-nb.de abrufbar.

© 2012
vdf Hochschulverlag AG an der ETH Zürich

ISBN 978-3-7281-3507-0

www.vdf.ethz.ch
verlag@vdf.ethz.ch

Inhaltsverzeichnis

Die vielfältigen Facetten der Generationenbeziehungen – ein Überblick

Pasqualina Perrig-Chiello und Martina Dubach

Generationenfragen – ein relevantes und aktuelles Forschungsthema

Die Frage nach der Brüchigkeit von Generationenbeziehungen ist sowohl aktuell als auch heikel. Vor allem im medialen und politischen Diskurs ist mit dieser Frage jeweils die Befürchtung assoziiert, dass die bislang als selbstverständlich angenommene Solidarität zwischen den Generationen gefährdet ist oder möglicherweise gar nicht mehr existiert. Diese Befürchtung hat mehrfache Gründe. Zum einen hat der demographische Strukturwandel der letzten Jahrzehnte, namentlich die markante Erhöhung des Altersquotienten bei gleichzeitigem Absinken des Jugendquotienten, die Generationenbeziehungen in Familie und Gesellschaft neu aufgemischt. Diese Tatsache wurde lange Zeit in der breiten Öffentlichkeit nicht wirklich in all ihren Konsequenzen bewusst wahrgenommen. Und doch sind diese Veränderungen substantiell: Aus einer Gesellschaft, in der noch vor 100 Jahren die durchschnittliche Lebenserwartung bei rund 47 Jahren lag und wo die einfache Unterscheidung jung-alt wohl angemessen war, ist eine Vier-Generationengesellschaft mit einer Lebenserwartung geworden, die mit 82,4 Jahren heute weltweit eine der höchsten ist. Neben der steigenden Lebenserwartung bei gleichzeitigem Geburtenrückgang haben auch die hohen Scheidungsraten, die Entstehung neuer Familienformen und der Trend zur Singularisierung[1] zu einer grundlegenden Veränderung der familialen und gesellschaftlichen intergenerationellen Verhältnisse geführt. Zum anderen fand parallel zu dieser Entwicklung ein beispielloser kultureller Wandel statt, der eine generelle Infragestellung und Pluralisierung von Werten und Rollenvorstellungen mit sich brachte. Verlässliche Altersgrenzen wurden aufgeweicht, herkömmliche Erwartungen an die Partner-, Kinder- und Eltern-/Grosselternrolle immer weniger starr interpretiert und vermehrt individuell gestaltet. Im Zuge dieser Veränderungen ist eine zunehmende Destandardisierung der Biographien und eine verstärkte Destabilisierung der herkömmlichen Formen des Zusammenlebens beobachtbar.

Die Implikationen dieser Veränderungen für die Generationenbeziehungen in Familie und Gesellschaft sind vielfältig. Neben den vielen

---

[1] Starke Zunahme von Einpersonenhaushalten; in städtischen Gebieten: 38% Einpersonenhaushalte

Vorteilen der längeren gemeinsamen Lebenszeit verschiedener Generationen (wie etwa der Tatsache, dass heute die meisten Kinder ihre Grosseltern erleben und von ihnen in mancherlei Hinsicht profitieren können und vice versa), sind auch vielerlei Herausforderungen damit verbunden (etwa die grosse Wahrscheinlichkeit, dass erwachsene Kinder mit der Pflegebedürftigkeit ihrer hochaltrigen Eltern konfrontiert werden). Die Gestaltung der Generationenbeziehungen ist zunehmend komplizierter und schwieriger geworden. Viele tradierte Selbstverständlichkeiten wie die intergenerationelle Solidarität und Unterstützung, die gegenseitige Verpflichtung oder etwa der Gemeinschaftssinn, werden zwar nach wie vor gesellschaftlich und familial erwartet, gleichzeitig aber immer mehr in Frage gestellt. Auch die Tatsache, dass sich das zahlenmässige Verhältnis der Generationen zueinander grundlegend verändert hat, führt zu multiplen Verunsicherungen, Befürchtungen und Sorgen. Der Generationenvertrag wird als gefährdet angesehen und in den Medien und im politischen Diskurs wird der Generationenkrieg gerne und vor allem im Zusammenhang mit der Finanzierung von Altersrenten und Krankheitskosten herauf beschworen. Interessant dabei ist, dass mit Vorliebe jene zwei Altersgruppen gegeneinander ausgespielt werden, welchen unsere Gesellschaft die Partizipation mit Vorliebe entweder vorenthält oder streitig macht – Kinder und Jugendliche einerseits und alte Menschen andererseits (etwa ältere Arbeitsnehmer, die den Jungen die Arbeitsplätze wegnehmen oder: zunehmend weniger Junge, die für Ältere aufkommen müssen). Das Problem verschärft sich um so mehr, als dass häufig Urteile auf der Basis von ungesichertem Wissen und Stereotypen gefällt werden. Dies ist ein fertiler Nährboden für Konflikte. Problematisch ist ferner, dass schnelle Patentrezepte zur Lösung der neuen Herausforderungen etwa in der Familie (Pflege von älteren Angehörigen), am Arbeitsplatz (Generationenmix, ältere Arbeitnehmer) und in der Sozialpolitik (Rentensicherung, Krankenkassenprämien) gefordert werden, und dass hierzu häufig das nötige Grundlagenwissen – zumindest bis vor einigen Jahren – weitgehend fehlte.

Dieser komplexe Sachverhalt wurde für die sozialwissenschaftliche Forschung eine zunehmende Herausforderung. In den letzten zwei Dekaden registrieren wir denn auch ein beachtliches Ansteigen des Forschungsvolumens zum Thema Generationenbeziehungen. Wurde ursprünglich der Fokus auf die Zwei-Generationenkonstellation (Eltern–Kind) gelegt, so setzten sich im Zuge der Verankerung der Lebensspannen-Perspektive in den Sozialwissenschaften ganz allgemein, vor allem aber in Psychologie und Soziologie, zunehmend auch Forschungsansätze mit einer Drei- oder Vier-Generationen-Perspektive durch. Leider fand dieser Forschungsaufschwung in der Schweiz nur in bescheidenem Masse statt. Aufgrund des recht punktuellen und z.T. gar lokal fokussierten Wissensstandes, fehlte in der Schweiz – im Vergleich zum nahen Ausland – bis vor rund 10 Jahren eine fundierte Datenbasis, welche gesicherte und generalisierbare Aussagen zu Generationenstrukturen und -beziehungen hätte untermauern können.

In Anbetracht der genannten demographischen und gesellschaftlichen Veränderungen und angesichts der diesbezüglich bedeutsamen Forschungslücken in der Schweiz, hat der Bundesrat im Jahre 2000 die Lancierung eines Nationalen Forschungsprogrammes zum Thema «Kindheit, Jugend und Generationenbeziehungen in einer sich wandelnden Gesellschaft» (NFP52) bewilligt und den Schweizerischen Nationalfonds mit dessen Durchführung betraut. Ziel dieses im Jahr 2003 gestarteten NFP52 war es, über die gegenwärtigen und zu erwartenden Lebensverhältnisse sowie Bedürfnisse von Kindern und Jugendlichen und ihrer Familien in der Schweiz wissenschaftlich fundierte Einsichten zu gewinnen. Das forschungsleitende Interesse lag dabei in erster Linie in der systematischen Berücksichtigung der familialen und gesellschaftlichen intergenerationellen Aspekte. Nach Abschluss des Forschungsprogrammes 2008 kann festgehalten werden, dass dank dem NFP52 die schweizerische Generationenforschung deutlich an Profil gewonnen hat. Dieser multidisziplinäre Forschungsverbund brachte eine Fülle von neuen Erkenntnissen zu sozialpolitischen, gesundheitsbezogenen, psychologischen, soziologischen aber auch zu juristischen und ökonomischen Aspekten familialer und gesellschaftlicher Generationenbeziehungen hervor. Mit der Synthese dieser Forschungsarbeiten, in Form des Generationenberichts Schweiz[2] , liegt erstmals eine deutschsprachige, einheitliche, empirisch begründete und den gesamten menschlichen Lebenslauf umfassende Monographie zu den wichtigsten und in der Fachliteratur am besten untersuchten Fragen und Themen zu Generationenbeziehungen in modernen Gesellschaften vor. Mit dem Generationenbericht Schweiz wurde erstmals der Versuch unternommen, ausgehend von einer umfassenden empirischen Datenbasis eine Vielzahl unterschiedlicher Beschreibungsdimensionen und Leistungen von Generationenbeziehungen in einem gemeinsamen Zusammenhang zu betrachten und zu diskutieren. Dabei wurde ein Bogen von theoretisch bedeutsamen Fragen der Grundlagenforschung zu Generationenbeziehungen (etwa im Hinblick auf die Rolle religiöser Rituale oder der

---

2 Perrig-Chiello, P./Höpflinger, F./Suter, C., 2008: *Generationen – Strukturen und Beziehungen. Generationenbericht Schweiz*, Zürich.

intergenerationellen Weitergabe von Werthaltungen in der Familie) zu eher anwendungsbezogenen Fragen der Organisation, Planung und Optimierung von Generationenverhältnissen (etwa im Hinblick auf die Pflegebedürftigkeit im Alter) geschlagen.

Das NFP52 hat zum einen die Basis für eine nachhaltige Erforschung der Generationenbeziehungen geliefert. So hat der Sozialbericht Schweiz, welcher alle vier Jahre erscheint, 2012 seinen Fokus auf die Generationenbeziehungen gelegt. Er aktualisiert somit die 2008 initiierte Generationenberichterstattung und führt sie weiter.[3] Zum andern hat das NFP52 aber auch wichtige Impulse für innovative und weiterführende Forschungsprojekte gegeben. In den letzten Jahren haben sich verschiedene Forschende in der Schweiz mit dem Thema Generationenbeziehungen profiliert. Zu nennen ist etwa die Forschungsgruppe AGES (Arbeit, Generation, Sozialstruktur) unter der Leitung von Mark Szydlik an der Universität Zürich mit Themen rund um soziale Ungleichheit und Generationensolidarität.[4] An den Universitäten Bern, Zürich und Lausanne entstand in den letzten Jahren eine Serie von Arbeiten zum Lebenslauf, die für die Generationenforschung wichtige Impulse gab – etwa zur Frage des generationenspezifischen Alterns oder zur Rolle der mittleren Generation für die familiale Solidarität.[5] Auch an den Zentren für Gerontologie an den Universitäten Genf und Zürich wurden Themen rund um Generationenbeziehungen aufgegriffen. Auf Fachhochschulebene entstand das Kompetenzzentrum Generationen am Institut für Soziale Arbeit IFSA der FHS St. Gallen, welches Beratung, Forschung und Weiterbildung rund um Generationenthemen anbietet. Ganz aktuell und vielversprechend sind die Forschungsarbeiten im Rahmen des Nationalen Forschungsschwerpunktes LIVES[6] an den Universitäten Genf, Lausanne und Bern, welches der Frage nach der Entstehung und Auswirkung von Vulnerabilität über die gesamte Lebensspanne nachgeht. Parallel zu dieser erfreulichen Entwicklung der Generationenforschung in der Schweiz fand in der Praxis, namentlich im öffentlichen Diskurs und in der Sozialpolitik, aber auch in der Arbeitswelt sowie im Siedlungs- und Wohnungsbau eine verstärkte und lösungsorientierte The-

---

3 Bühlmann, F./Schmid, C./Farago, P. et al. et al., 2012: *Sozialbericht Schweiz – Fokus Generationen*, Zürich.

4 Szydlik, M. (2004)(Hrsg.). Generation und Ungleichheit. Wiesbaden: VS Verlag für Sozialwissenschaften.

5 Perrig-Chiello, P./Höpflinger, F., 2005: *Ageing parents and their middle-aged children – demographic and psychosocial challenges*. In: European Journal of Ageing, 2, S. 183–191.
Perrig-Chiello, P./Höpflinger, F., 2009: *The ageing of the European population*. In: Vital questions: The contribution of European Social Science. SCSS Position Paper, hrsg. v. SCSS of the European population, Strasbourg, S. 26–30.

6 Homepage: http://www.lives-nccr.ch/de

matisierung von Generationenfragen statt. Generationenübergreifende Projekte haben gegenwärtig gar Hochkonjunktur, und die Zahl entsprechender Initiativen ist stetig im Steigen begriffen. Erwähnenswert ist ferner, dass auch die Schweizerische Akademie der Geistes- und Sozialwissenschaften mit ihrem Generationennetz sich vor allem mit Themen rund um die Generationenpolitik profiliert.[7] Und schliesslich hat auch das Migros-Kulturprozent mit seiner Generationenakademie[8] und mit der Plattform «Grossmütterrevolution» neue Akzente gesetzt.

**Wie steht es nun mit der Solidarität zwischen den Generationen?
Zur Fragestellung dieses Buches**

Das Jahr 2012 wurde als das Europäische Jahr des aktiven Alters und der Solidarität zwischen den Generationen deklariert. Eine kollektive Reflexion und konzertierte Aktion drängte sich aufgrund der raschen und bedeutsamen demographischen und gesellschaftlichen Veränderungen der letzten Dekaden und der damit assoziierten Diskussionen und Befürchtungen rund um das Ende des Generationenvertrags geradezu auf. Diese neue gesellschaftliche Konstellation eröffnet unerwartete und noch zu gestaltende Generationenzusammenhänge. Sie verlangt neue Solidaritäten und löst viele Fragen und Unsicherheiten aus. Weil Generationenbeziehungen durch eine prinzipielle Unkündbarkeit geprägt sind, weisen sie auch ein hohes Potenzial für Konflikte und Ambivalenzerfahrungen auf. Ungeachtet der veränderten Kontextbedingungen, wird Solidarität weiterhin als Selbstverständlichkeit eingefordert, gleichzeitig wird sie als gefährdet angesehen. Wissenschaftliche Arbeiten zeigen aber klar auf, dass die Solidarität zwischen den Generationen weder ein neues Thema noch eine Selbstverständlichkeit ist – selbst wenn im öffentlichen Diskurs beide Varianten prominent vertreten werden. Wenn wir nämlich Generationensolidarität als Ausdruck unbedingter Verlässlichkeit und Unterstützung zwischen den Angehörigen verschiedener Generationen definieren, so können wir aufgrund historischer Quellen schliessen, dass diese schon immer vorhanden war, ja, vorhanden sein musste, weil ohne sie der Fortbestand der Menschheit gar nicht denkbar gewesen wäre – ganz zu schweigen vom gesellschaftlichen und kulturellen Fortschritt. Die funktionale und affektive Solidarität, also das Geben und Nehmen von Geld, Zeit und Raum sowie die gegenseitige Bindung und Verpflichtung haben Tradition. Gleichzeitig war die intergenerationelle Solidarität aber nie eine

---

[7] http://www.sagw.ch/sagw/laufende-projekte/generationen
[8] http://www.generationenakademie.ch

Selbstverständlichkeit – sie war seit jeher eine Sache, die ausgehandelt wurde. Aber, wie war sie wirklich? Gab es früher in der Schweiz – wie oft nostalgisch behauptet wird – die Mehrgenerationenfamilie unter einem Dach? Wie gestaltete sich die familiale Solidarität? Und heute? Wie steht es um die Solidarität zwischen und innerhalb der Generationen wirklich? Sind die Szenarien über Generationenkrieg und das Ende des Generationenvertrags blosse Schwarzmalerei unverbesserlicher Pessimisten, profilierungssüchtiger Journalisten und populistischer Politiker/innen – oder steckt mehr dahinter? Sind die heutigen Alten, vor allem die jungen Alten etwa doch nur Profiteure auf Kosten der jüngeren Generationen? Ist auf dem Arbeitsmarkt der Krieg der Generationen vorprogrammiert? Wie gestaltet sich die intergenerationelle Solidarität in Familien? Welche Rolle spielen Geld, Werte, Rituale und wie steht es mit der gegenseitigen Hilfe und Pflege?

Der vorliegende Sammelband will auf solche und viele andere häufig gestellte Fragen rund um die Solidarität zwischen den Generationen Antwort geben. Das Konzept des Buches basiert auf empirischen Arbeiten und theoretischen Reflexionen, wonach die intergenerationelle Solidarität sowohl eine Frage der reellen *Kontextbedingungen* (wie gesellschaftliche und ökonomische Rahmenbedingungen, familiale Situation, Wohn- und Arbeitsbedingungen) wie auch von emotionalen und ethisch-moralischen *Werthaltungen*, Ansprüchen und Erwartungen wie Selbstverständlichkeit, Verpflichtung, aber auch Liebe und Verbundenheit ist.

Das Buch gliedert sich in vier Teile. Teil 1 befasst sich mit den grundlegenden Aspekten des Zusammenspiels der Generationen. Die Teile 2 bis 4 beleuchten im Folgenden einzelne Lebensbereiche, in welchen verschiedene Generationen einen Weg finden müssen, Gegenwart und Zukunft gemeinsam und gewinnbringend zu meistern – für jeden Einzelnen und für die Gesellschaft.

Die Beiträge im Überblick
Generationenbeziehungen: Konflikt oder Solidarität

Den Reigen der Beiträge zur Frage des Generationenkitts eröffnet *Martin Kohli*, indem er die Konfliktlinien zwischen Jung und Alt nachzeichnet. Spannungen zwischen den Generationen gab es schon immer. Sie sind bedingt durch unterschiedliches politisches Erleben, durch wirtschaftliche Veränderungen aber auch durch die zunehmende Individualisierung und den demografischen Wandel. Kohli fragt nach dem

Zustandekommen von Ungleichheiten zwischen den Generationen. Wie gross sind die Konflikte und gesellschaftlichen Spannungslinien heute? Welche Mechanismen verstärken oder mildern sie? Mit welchen Entwicklungen müssen wir in Zukunft rechnen? Für die Gegenwart macht er kaum Bruchlinien aus. Zwar gibt es Interessenskonflikte – sowohl gesellschaftspolitische als auch individuelle. Doch ist die Wahrnehmung unseres Wohlfahrtstaates über alle Altersgruppen hinweg grundsätzlich positiv und der finanzielle Transfer via das Rentensystem wird durch familieninterne, immaterielle Unterstützung aufgewogen. Unsicher ist, ob dies auch in Zukunft so bleiben wird. Durch eine sich abzeichnende Verschärfung der sozialen Schichtung, insbesondere im Alter, droht eine zunehmende Generationenspaltung.

Der Generationenspaltung setzt *Pasqualina Perrig-Chiello* die inter- und intragenerationelle Solidarität entgegen. Sie ist in der heutigen Zeit und für die Zukunft absolut dringlich, aus menschlichen, sozialpolitischen und volkswirtschaftlichen Gründen. Eine Alternative gibt es nicht. Aber wie steht es um die intergenerationelle Solidarität wirklich? Sind die Alten tatsächlich nur Profiteure auf Kosten den jüngeren Generationen? Ist das Geld der beste Generationenkitt? Was wäre, wenn beispielsweise plötzlich alle Grossmütter streiken würden? Die Autorin macht zwar grundlegende Veränderungen der gesellschaftlichen und familialen intergenerationellen Verhältnisse aus. Gekoppelt mit dem gegenwärtigen Wertewandel führen diese zu multiplen Unsicherheiten, Sorgen und Ängsten. Dennoch gibt es sie immer noch, die intergenerationelle Solidarität: Eltern, Kinder und Kindeskinder bleiben meist zeitlebens verbunden; räumlich, emotional und im interaktiven Austausch. Vor allem die Frauen sind Garantinnen der Solidarität. Sie erbringen beträchtliche informelle Leistungen in Form von Zeit und Arbeit innerhalb und ausserhalb der Familie. Grossmütter hüten ihre Enkelkinder, Frauen, die im Berufsleben stehen, meistern den Spagat zwischen Beruf und Pflege ihrer betagten Eltern. Die volkswirtschaftlichen Einsparungen sind enorm. Wie lange noch?

Wohnen und Arbeiten: Gemeinsam zum Mehrwert

Im Kreis der Familie Abschied nehmen: Ist dies auch künftig noch möglich? Wie sehen moderne Wohnkonzepte aus? Die Ansprüche sind mannigfaltig, tragfähige Lösungen eine Herausforderung in vielerlei Hinsicht. Der Wunsch nach «Ageing in Place», grösst- und längstmöglicher Autonomie sowie Hilfe- und Betreuungsangeboten ohne Heimeintritt verlangt nach neuen Konzepten und Interventionen auf verschiedensten Ebenen. Ausgehend von den sozialen und demographischen Veränderungen der letzten Jahrzehnte entwirft *Margrit Hugentobler* neue Wohnoptionen. Barrierefreies Wohnen – schwellenlos und mit Lift, Sicherheits- und Notrufsysteme sowie neue Kommunikationsmöglichkeiten sind einige ihrer Stichworte. Doch Technologie allein reicht nicht aus. So fordert die Spezialistin, dass auch die Betagten selbst ihre Ressourcen nutzen, ihr soziales Netz pflegen sollen. Ambulante Dienstleistungen müssen ausgebaut und Entlastungsangebote für Angehörige – bis hin zu Zeitgutschriften – entwickelt werden. Nur eine Gesamtstrategie, die sowohl sozialpsychologisch als auch soziologisch, ökonomisch und volkswirtschaftlich verträglich ist, wird eine nachhaltige Antwort auf die komplexen Wünsche der verschiedenen Generationen anbieten können.

Verena Steiner verortet zukunftsfähige intergenerationelle Wohnformen zwischen Individualität und Gemeinschaft. Das Zusammenwohnen von mehreren Generationen unter einem Dach ist in unserer Gesellschaft nach wie vor eher die Ausnahme. Neben den traditionellen Mehrgenerationen-Wohnkonzepten, z.B. Stöckli oder Einliegerwohnung für die alten Eltern, entstehen immer häufiger Mischformen. Wohnbaugenossenschaften bilden dabei oft die Grundidee, denn sie vereinen wichtige Elemente für ein eigenständiges Leben im Alter: stabile Wohnverhältnisse, nachbarschaftliches Zusammenleben, Kontakte pflegen, gegenseitig Hilfe leisten. Steiner stellt verschiedene Modelle vor. Wohn.*plus* heisst wohnen und noch etwas dazu, Hausgemeinschaft 55+ ist eine Altershausgemeinschaft in einer grösseren Wohnsiedlung mit Mitspracherecht bei Neuvermietungen. Auch eigenständige Wohneinheiten auf privater Basis wie in Bonaduz können genossenschaftlich organisiert sein. Der Trend geht klar in Richtung Mehrgenerationenwohnen auf Distanz.

Die Bewohner und Bewohnerinnen des *Stürlerhauses* in Bern haben diese Genossenschaftsidee auf privater Basis verwirklicht. Sie berichten, wie eine neue Wohnform durch Visionen, viel Eigeninitiative und lange Diskussionen Realität wird. Die Ziele entsprechen ziemlich genau denjenigen, die Verena Steiner herausstreicht: In den eigenen vier Wänden sicher wohnen und arbeiten, mit Gemeinschaftszonen für soziale Aktivitäten und mit einer minimalen Infrastruktur in Gehdistanz. Welches aber sind die Voraussetzungen für ein dauerhaftes Zusammenleben selbstverantwortlicher Menschen? Zentral ist die basisdemokratische Entscheidfindung bei absoluter Gleichberechtigung und auch «Gleichverpflichtung». Und – ohne Streitkultur und Toleranz geht nichts.

Das Zusammenleben von Generationen steht auch auf der Fahne der GESEWO (Genossenschaft für selbstverwaltetes Wohnen), einer gemeinnützigen Wohnbaugenossenschaft in der Region Winterthur. *Jürg Altwegg* stellt die Modellsiedlung mit Mehrgenerationenhäusern vor. Die Devise lautet: Soziale Durchmischung von Lebensform und ökonomischem Status in gegenseitigem Respekt und mit freiwilliger Unterstützung. Ein Solidaritätsfonds und der hohe ökologische Standard sind Ausdruck dieses Gemeinschaftssinns durch alle Generationen hindurch. Was anfangen mit einem zu gross gewordenen Haus? Wo Wohnraum zu erschwinglichen Preisen finden? Die Pro Senectute des Kantons Zürich bietet mit ihrem Angebot «Wohnen für Hilfe» eine unkonventionelle Lösung. Ältere Menschen stellen jungen Studierenden ungenutzten Wohnraum gegen Unterstützung im Alltag zur Verfügung. *Franjo Ambrož* macht eine breite Palette von Vorteilen aus, von den Finanzen bis hin zu Aspekten der Sicherheit. Damit der Deal auch wirklich gut funktioniert, werden die Wohnpartnerschaften von einer Vermittlungs- und Kontaktstelle eng begleitet. Das Pilotprojekt wurde rege genutzt, ein Nachfolgeprojekt läuft.

In der Arbeitswelt heisst das Zauberwort für ein erfolgreiches und effizientes Zusammenspiel der Generationen Mitarbeiterförderung. *Norbert Thom* und *Elena Hubschmid* analysieren in ihrem Beitrag die Eigenheiten von älteren und jüngeren Mitarbeitern. Jede Generation hat ihre typischen Besonderheiten. Da treffen Erfahrung und Sturheit der Baby-Boomer auf Kreativität und hohe Ansprüche an die Flexibilität der Y-Generation. Workaholics sehen sich Mitarbeitenden gegenüber, bei denen Arbeit Spass machen sollte. Und neuerdings kommt es immer häufiger vor, dass ein jüngerer Chef ältere Mitarbeitende coacht. Was bedeutet das für das Arbeitsklima im Unternehmen? Welche Personalmassnahmen sind erforderlich, dass altersgemischte Teams effizient zusammenarbeiten? Wie können Fluktuationen tiefgehalten – es geht dabei immer viel Know-how verloren – und die Produktivität gesteigert werden? Nur eine altersgerechte Weiterbildung garantiert die Arbeitsmarktfähigkeit älterer und die Motivation und Loyalität jüngerer Mitarbeitender. Dann kann sogar Freude an einem gelungenen Rollenwechsel aufkommen.

Care: Prisoners of Love

Der Anspruch, solange wie möglich in den eigenen vier Wänden zu leben, fordert die Generationensolidarität massiv bei der Betreuung und Pflege. *Pasqualina Perrig-Chiello* spricht von einer psychischen und physischen Zerreissprobe für die mittlere Generation. Dies gilt besonders für die Frauen, denn familiale Pflege ist nach wie vor meist weiblich und unbezahlt. Den Eltern zu helfen ist eine ambivalente Herausforderung: Pflichtgefühl und Hilfsbereitschaft stehen der Realisierung eigener Bedürfnisse und oft auch den objektiv gegebenen Möglichkeiten gegenüber. Hohe Ansprüche der Hochaltrigen kollidieren mit den mannigfachen Aufgaben und Verantwortungen der mittleren Generation in Beruf und Gesellschaft. Hinzu kommt der Wandel tradierter Rollenvorstellungen: Selbstfindung und Neudefinition werden vermehrt zu Attributen des mittleren Alters. Die Berufstätigkeit der Frauen nimmt zu, die uneingeschränkte Selbstaufgabe zugunsten der Pflegebedürftigen wird infrage gestellt. Wer wird die Pflege übernehmen, wenn sich bis 2030 die Zahl der Hochaltrigen verdoppelt hat und der Spardruck im Gesundheitswesen wegen der Kostenexplosion zur bedrohlichen Realität wird?

Für *Heidi Stutz* gibt es eigentlich nur eine Lösung: Aus ökonomischer Sicht ist ein Zusammenspiel zwischen professionellen und unbezahlten Pflege- und Betreuungsleistungen unausweichlich. Ansonsten sind Versorgungslücken vorprogrammiert. Denn in Zukunft werden aus demographischen Gründen weniger Personen für Care-Leistungen zur Verfügung stehen, die Zahl der Pflegebedürftigen aber wird weiter zunehmen. Jüngere Frauen wenden sich schon heute vermehrt der Erwerbsarbeit zu. Die Vereinbarkeitsprobleme von Care-Leistungen und Berufstätigkeit werden sich somit markant verschärfen. Deshalb muss das Care-Regime deutlich verbessert und die Benachteiligungen von Care-Arbeitenden abgebaut werden. Unterstützungsangebote, soziale Absicherung und höheres Bewusstsein für den Wert der unbezahlten Care-Leistungen sind unabdingbar.

Der zunehmenden Lebenserwartung trägt auch das revidierte Erwachsenenschutzrecht Rechnung. Wie können hilfsbedürftige, urteilsunfähige Hochaltrige, die ganz oder teilweise nicht mehr für sich sorgen können, in ihrem Selbstbestimmungsrecht geschützt und unterstützt werden? Wie können das vorhandene soziale Umfeld und die entsprechenden Betreuungsressourcen besser mobilisiert werden? *Ruth Reusser* hebt wichtige Ziele des neuen Rechts heraus. Ganz zentral im Fokus stehen die Förderung des Selbstbestimmungsrechtes und die Stärkung der Solidarität in der Familie. So können neu Vorsorgeaufträge erteilt werden und die Angehörigen erhalten Priorität im Vertretungsrecht urteilsunfähiger Personen. Entmündigung und Beiratschaft werden abgelöst durch eine geeignete Beistandschaft. Wohn- und

Pflegeeinrichtungen unterstehen künftig schriftlichen Betreuungsverträgen. Ziel ist es, die staatliche Betreuung auf ein absolut notwendiges Mass zu reduzieren. Der Gesetzgeber hat damit die Rechte der Betroffenen deutlich gestärkt. Ob das neue Erwachsenenschutzrecht in der Praxis bestehen wird, mag die Zukunft weisen.

Familie: Symbiose oder Autonomie?

François Höpflinger räumt in seinem Beitrag auf mit der Vorstellung, dass in früheren Zeiten alle Generationen einträchtig zusammen unter einem Dach gewohnt haben sollen. Mehrgenerationen-Haushalte waren in Nord- und Westeuropa schon früh eher selten. Die Ehe gewann als Zweierbeziehung schon ab dem 12. Jh. immer mehr an Bedeutung. Seit dem 17. Jh. hatte dann die Grossfamilie – ausser in ländlichen Produktionsgemeinschaften – ausgedient. Die Generationen wurden sozial und familial selbständig. Die Industrialisierung im 19. Jh. sicherte das Auskommen der Familien und damit auch deren Selbständigkeit. Aufkommende sozialstaatliche Angebote im 20. Jh. verstärkten diesen Trend zusätzlich. Trotzdem lässt sich keine Verringerung der intergenerationellen Solidarität ausmachen. Im Gegenteil: Die oft angespannten familialen Generationenbeziehungen haben deutlich an Qualität gewonnen. Belastende Pflegeaufgaben werden heute öfter an Professionelle ausgelagert. Dies führt zu Entlastungen für die erwachsenen Kinder gegenüber ihren alten Eltern. Damit bleibt mehr Zeit für persönliche Beziehungen und alltägliche Hilfeleistungen innerhalb der Familie. Auch unterstützt die älteste Generation häufiger die jüngeren Familienmitglieder mit finanziellen Zuwendungen. Ob dieses Modell Bestand haben wird?
Ein absolut bedeutsames Moment im Zusammenhalt der Familie sind die Rituale. Für *Christoph Morgenthaler* bewegen sie sich zwischen Drang, Zwang und Einklang. Rituale schaffen auch heute noch Halt und Geborgenheit. Sie befriedigen das ureigene Bedürfnis der verschiedenen Generationen nach Gemeinsamkeit, Struktur und Verlässlichkeit. Sie sind Lernorte für Kinder und Erwachsene und helfen das Zusammenspiel zwischen den Generationen zu erleichtern. Der feste Rahmen von Ritualen ist aber auch stark verpflichtend und nicht immer leicht einzuhalten, insbesondere dann, wenn neue Familienformen Traditionen aufmischen. Dennoch überwiegen in den stetig weiter überlieferten Ritualen die positiven Emotionen. Sie sind die Verbindung zwischen den Generationen – sozusagen der fast unverbrüchliche Kitt, welcher die Beziehungen auf Dauer stützt.

Marc Szydlik zieht zwei Linien, um welche sich die Beziehungen zwischen Erwachsenen verschiedener Generationen abspielen. Die Konfliktlinie erstreckt sich von uneingeschränkter Harmonie bis zu erbitterten Streitereien, die Solidaritätslinie von totaler Symbiose bis zu völliger Autonomie und zum Abbruch der Beziehung. Die in der Realität gelebte, meist gelungene, Generationensolidarität bewegt sich irgendwo zwischen den Polen und basiert auf einem ausgehandelten Konsens. Dieser ist so tragfähig, dass Familiengenerationen durch ausserordentlich lang andauernde, stabile und intensive Beziehungen miteinander verbunden bleiben. Die Generationensolidarität hängt aber auch stark von den Ressourcen ab. Bei Erbschaften spielen Bildung, soziale Position, Einkommen, und Wohnverhältnisse eine entscheidende Rolle. Je günstiger diese Faktoren sind, desto grösser fallen die Erbschaften aus: Wer hat, dem wird gegeben! Auch wenn eine allgemeine Krise der Familiengenerationen nicht in Sicht ist, beträchtliche Folgen für die soziale Ungleichheit wird es immer geben.

Nicht nur das Erwachsenenschutzrecht von 1912 war ein Auslaufmodell, auch das Erbrecht muss dem Wandel der gesellschaftlichen Realität angepasst, die Defizite ausgeräumt werden. *Michelle Cottier* fragt: Soll das Gut noch fliessen wie das Blut? Denn «erbrechtliche Normalverhältnisse», den «durchschnittlichen Erblasser» und seinen «mutmasslichen Willen» gibt es heute nicht mehr. Neben der traditionellen Kleinfamilie des «Golden Age of Marriage» werden neue Familienarrangements immer gängiger: Patchwork-Familien, nichteheliche Lebensgemeinschaften mit und ohne Kinder, Regenbogenfamilien oder mehrfache Elternschaft. Das alte Erbrecht wird der gesellschaftlichen Wirklichkeit nicht mehr gerecht. Wie kann die Heterogenität der neuen Beziehungskonstellationen bei der Reform des Erbrechts einbezogen werden? Sollte das Pflichtteilsrecht flexibilisiert oder gar abgeschafft werden? Müssen wir dann um die intergenerationelle und familiäre Solidarität fürchten? Soll gelebte Solidarität die Abschaffung des Pflichtteilsrechts ersetzen?

Die Reformdebatte in Politik und Wissenschaft ist lanciert, aber die Herausforderungen und das Konfliktpotenzial sind vielfältig. Als Einzelpersonen wie als Gemeinschaft sind wir aufgerufen, die neuen Gegebenheiten zu sehen und zu akzeptieren und die notwendigen Veränderungen mit Flexibilität, Geschick und Kreativität an die Hand zu nehmen.

Kernaussagen für den eiligen Leser

Generationenbeziehungen:
Konflikt oder Solidarität
- Alter ist eine dynamische Eigenschaft einer Person. Die meisten Menschen gehören im Laufe ihres Lebens unterschiedlichen Altersgruppen an. Bedürfnisse und Pflichten verändern sich und halten sich in der Regel über die Lebensspanne die Waage.
- Intergenerationelle Solidarität ist aus menschlichen, sozialpolitischen und volkswirtschaftlichen Gründen dringlich und ohne jegliche Alternative.
- Der Generationenaustausch findet sowohl auf der privaten wie auf der gesellschaftlichen Ebene statt. Es braucht beide Ebenen, sie wirken zusammen.

Wohnen und Arbeiten:
Gemeinsam zum Mehrwert
- Fragen zur Gestaltung von Wohnformen im Alter sind das Thema von heute und morgen, mit dem wir uns alle befassen müssen.
- Die meisten Menschen wollen, wenn immer und so lange wie möglich, in den eigenen vier Wänden ihren Lebensabend verbringen.
- Ageing in Place: Statt neuer Pflegeheime braucht es integrierende Konzepte, die einen längstmöglichen Verbleib in der gewohnten Umgebung realisieren lassen. Durch gegenseitige Unterstützung kann ein gemeinschaftliches, vielfältiges, lebendiges und sicheres Wohnen ermöglicht werden.
- Die Schweizer Wirtschaft benötigt leistungsfähige ältere und motivierte jüngere Mitarbeitende. Systematische Mitarbeiterförderung beider Altersgruppen ist entscheidend für den Erhalt der Motivation und das Ermöglichen effizienter intergenerationeller Zusammenarbeit.
- Um den Bedarf an qualifiziertem Personal rechtzeitig decken zu können, sind Personalerhaltungsmassnahmen gezielt auf die älteren Mitarbeitenden anzupassen und neue Kanäle zur Gewinnung der jungen Hochschulabsolventen und -absolventinnen zu erschliessen.

Care: Prisoners of Love
- Vom gesamten Zeitvolumen der Alterspflege wird der Grossteil unbezahlt im privaten, meist familialen Rahmen geleistet. Mit einer Einbindung der Angehörigen in die Pflege spart der Staat viel Geld. Frauen stellen in der häuslichen Pflege sowohl die Mehrheit der Pflegebedürftigen als auch der Pflegenden. Das familiale Hilfsnetz stösst zunehmend an die Grenzen der Belastbarkeit. Professionelle und informelle Hilfe müssen sich gegenseitig ergänzen. Es wird immer wichtiger, gesellschaftliche Rahmenbedingungen zu schaffen, in denen Pflege- und Betreuungsaufgaben auch in der mittleren Lebensphase besser mit der Erwerbsarbeit vereinbart werden können.
- Über 65-Jährige leisten im Durchschnitt mehr für Angehörige und Gesellschaft, als sie selber zurückbekommen.

Familie: Symbiose oder Autonomie?
- Eine allgemeine Krise der Familiengenerationen ist nicht in Sicht. Familiengenerationen sind durch ausserordentlich lang andauernde, stabile und intensive Beziehungen miteinander verbunden.
- Familiale Generationenbeziehungen und intergenerationelle Unterstützungsleistungen zwischen Jung und Alt vollziehen sich in der Regel multilokal. Diese Situation entspricht weitgehend den Wünschen und Bedürfnissen jüngerer wie älterer Generationen.
- Rituale befriedigen elementare Bedürfnisse der verschiedenen Generationen nach Gemeinsamkeit, sinnerfüllten Tätigkeiten, Struktur und Verlässlichkeit.
- Ein gut ausgebauter Sozialstaat führt nicht zu einer allgemeinen Reduktion intergenerationeller Hilfe und Unterstützung, sondern zu einer bedeutsamen Entlastung familialer Generationenbeziehungen. Aus belasteten intergenerationellen Notbeziehungen werden gute, lebenslang gepflegte persönliche Beziehungen zwischen jungen und alten Familienmitgliedern.

Recht: Einschränkung oder Unterstützung?
- Das neue Erwachsenenschutzrecht (ab 1.1.2013) fördert das Selbstbestimmungsrecht und stärkt die Solidarität in der Familie: Die staatliche Betreuung soll auf das absolut Notwendige beschränkt werden.
- Die Normalfamilie und den durchschnittlichen Erblasser gibt es nicht mehr. Das Erbrecht muss angesichts der Pluralisierung von Familienformen und -werten für eine Vielzahl von Bedürfnissen passen.

Dank

Es bleibt uns an dieser Stelle, unseren herzlichen Dank zu richten: an die Kerngruppenmitglieder, die das Projekt in seinen verschiedenen Phasen inhaltlich begleitet und ihre Netzwerke zur Verfügung gestellt haben, an die Referenten und Veranstaltungsteilnehmer, die in Vorträgen und Diskussionen das vorhandene Wissen gebündelt und bewertet haben; an Frau Dr. Sara Hutchison, die mit viel Geschick, dem kritischen Blick von aussen und grosser Sorgfalt den vorliegenden Band für den Druck vorbereitet hat und an das Forum für Universität und Gesellschaft sowie die Stiftung Universität und Gesellschaft, welche die Realisierung der Projektidee ideell und finanziell mitgetragen haben.

Generationen im 21. Jahrhundert: Konflikt oder Solidarität?[1]

Martin Kohli

Die Generationenfrage heute

Die Beziehungen zwischen den Generationen bilden eine Spannungslinie, an der sich entscheidet, wie die alternde Gesellschaft mit ihrem
Konfliktpotenzial umgeht. Die Konflikte können sich auf die wirtschaftliche Existenzsicherung und Ressourcenverteilung beziehen,
aber auch auf politische Macht und kulturelle Deutungshoheit. Ist
im Zuge der demographischen Entwicklung eine Verschärfung dieser
Konflikte unvermeidbar, oder überwiegen immer noch die Solidari-
tätspotenziale?

Am Ende des 19. Jahrhunderts lautete die soziale Frage, wie die neu
entstehende Industriearbeiterschaft gesellschaftlich zu integrieren,
mit andern Worten, wie der Klassenkonflikt zu befrieden war. Dies
gelang dadurch, dass den Industriearbeitern ein stabiler, materiell
einigermaßen gesicherter Lebenslauf in Aussicht gestellt wurde, ein-
schließlich eines Ruhestandes als erwartbarer Lebensphase, finanziert über einen öffentlichen «Generationenvertrag». Im Laufe des
20. Jahrhunderts wurde dies auf die übrigen Teile der Bevölkerung
ausgeweitet, so dass in den 1960er Jahren die meisten entwickelten
Gesellschaften einen umfassenden Wohlfahrtsstaat aufgebaut hatten, der das «fordistische» Muster der Arbeitsbeziehungen und des
Lebenslaufs unterfütterte.

Am Beginn des 21. Jahrhunderts, so scheint es, hat sich der Klassenkonflikt erledigt, und an seine Stelle ist der Generationenkonflikt getre-
ten (Kaufmann, 2005). Der Generationenvertrag ist die umstrittenste
Dimension zeitgenössischer Wohlfahrtsstaaten. Er bildet den Kern der
Probleme, die durch das Altern der Gesellschaft aufgeworfen werden:
die Alten zu sichern und in die Jungen zu investieren und dabei das
Gleichgewicht zwischen finanzieller Nachhaltigkeit und den Prinzipien
der sozialen Gerechtigkeit und Fairness zu wahren. Die Prominenz des
Generationenvertrags heute ist sowohl der Entwicklung der sozialen
Sicherung selber geschuldet, in deren Folge die Älteren zu den wich-
tigsten Klienten des Wohlfahrtsstaates geworden sind, als auch der

---

[1] Dieses Kapitel ist eine stark gekürzte und überarbeitete Fassung meines Beitrages
zu einem Band der Heidelberger Akademie der Wissenschaften (Kohli, 2012).

demographischen Herausforderung durch sinkende Geburtenraten und steigende Lebenserwartung.

Steht die heutige Gesellschaft also tatsächlich im Zeichen des Konflikts zwischen den Generationen (oder zwischen Alt und Jung)? Das zu behaupten wäre voreilig. Die historische Perspektive muss in zwei Punkten präzisiert werden. Erstens sind Konflikte oder Konkurrenz zwischen Alt und Jung nichts Neues. Sie sind ein häufiges Thema in historischen und anthropologischen Darstellungen vormoderner Gesellschaften und bildeten seit jeher eine Spannungsdimension, in manchen «einfachen» Gesellschaften ohne ausgeprägte Sozialschichtung sogar die zentrale. Manche Klagen der Älteren über die Jugend lassen sich durch alle historischen Epochen zurückverfolgen. Aber in den zeitgenössischen Gesellschaften haben sich die Form und die Arena dieser Konflikte verändert, und dadurch hat ihr Spannungsgehalt zugenommen. Die Moderne setzt einen stärkeren Akzent auf gesellschaftliche Dynamik und die Ablösung älterer durch jüngere Generationen. Ein Beispiel dafür sind die Jugendbewegungen am Anfang des 20. Jahrhunderts. Sie zelebrierten und mobilisierten die Jugend als Träger des politischen und kulturellen Wandels und sogar als höhere Existenzform im Kampf gegen die Welt der Erwachsenen. Inzwischen hat der Wohlfahrtsstaat eine ökonomische Konfliktfront eröffnet, die heute die politische und kulturelle zu überbieten scheint.

Zweitens bleibt die Frage offen, ob die Bruchlinie zwischen den Generationen nicht doch eine solche zwischen den Klassen verbirgt, also zwischen Reich und Arm oder – wie in den traditionellen Klassentheorien formuliert – zwischen Kapital und Arbeit. Im höheren Alter nehmen solche Klassengegensätze eine besondere Färbung an (Schütze, 2012). Zu diesen «alten» sozialen Ungleichheiten treten «neue», wie die zwischen Frauen und Männern oder zwischen Einheimischen und Migranten. Wenn stattdessen jetzt der Generationenkonflikt in den Vordergrund gerückt wird, kann dies – ob mit Absicht oder nicht – von der Hauptkonfliktlinie ablenken. Ein Ideologieverdacht ist insbesondere dann berechtigt, wenn die Beschwörung des Generationenkonflikts zur Kritik am Wohlfahrtsstaat im ganzen genutzt wird.

Vorab ist hier eine begriffliche Klärung erforderlich, nämlich zwischen den Begriffen «Altersgruppe» und «Generation». «Altersgruppe» meint eine Menge von Personen gleichen (oder ähnlichen) Lebensalters, «Generation» dagegen eine Menge von Personen, die im gleichen Zeitraum geboren sind, sich folglich gemeinsam durch den Lebenslauf bewegen und die einzelnen historischen Ereignisse im gleichen Alter erfahren. Altersgruppen als solche sind wenig konfliktträchtig, denn jede Person durchschreitet im Laufe ihres Lebens alle Altersgruppen. Das Problem liegt in der Differenzierung nach Generationen, das heißt nach dauerhaft unterschiedlichen Lebenschancen.

Altersgruppen sind nicht naturgegeben, sondern das Ergebnis einer gesellschaftlichen Konstruktion, die in die moderne Institutionalisierung des Lebenslaufs mündet. Vom «Alter» und den «Alten» zu reden, setzt eine entsprechende Abgrenzung voraus. Solche Abgrenzungen sind in modernen Gesellschaften breit verankert, schon deshalb, weil Alter eine zentrale Grundlage öffentlicher Rechte und Pflichten ist. In allen modernen Wohlfahrtsstaaten sind die Älteren die hauptsächlichen Empfänger der öffentlichen Einkommenstransfer-Programme – in erster Linie in Form von Altersrenten, in zweiter Linie in Form der Kranken- und neuerdings der Pflegeversicherung, deren Ausgaben ebenfalls im höheren Alter ansteigen. Dies wird durch die Lebenslaufprofile der materiellen Leistungen an den und vom Staat klar belegt (vgl. Lee & Mason, 2011). Die Erwachsenen im Erwerbsalter sind (über ihre Beiträge und Steuern) überwiegend Netto-Zahler, während die Kinder und Jugendlichen ebenfalls Empfänger öffentlicher Leistungen – etwa in Form von Bildungs- und Betreuungsangeboten und Zuwendungen (zum Beispiel Kindergeld) an ihre Eltern – sind, aber überwiegend (noch) von letzteren finanziert werden. Eine solche ungleiche Zuwendung öffentlicher Leistungen an die verschiedenen Altersgruppen ist im Hinblick auf Legitimität und Verteilungsgerechtigkeit relativ unproblematisch, denn jedes Individuum kommt sukzessive in den Genuss der unterschiedlichen Zuwendungen. Im Unterschied zu Geschlecht oder Ethnizität ist Alter keine stabile Eigenschaft einer Person. Altersgruppen haben keine feste Mitgliedschaft, sondern diese verändert sich ständig – jedes Individuum wechselt gemäß dem institutionalisierten Kalender des Lebenslaufs von einer Altersgruppe zur nächsten. Eine ungleiche Behandlung der Altersgruppen ist deshalb moralisch akzeptabel und kann durch unterschiedliche Bedürfnisse oder vernünftige Politikziele begründet werden. Das einzige Problem liegt darin, dass nicht alle Menschen gleich lang leben. Diese unterschiedliche Lebensdauer ist sozial geschichtet und stellt deshalb eine massive soziale Ungleichheit im Hinblick auf den Generationenvertrag dar, die durch die demographische Alterung noch verstärkt wird.

Umverteilung zwischen den Generationen ist dagegen prinzipiell problematisch, denn es gibt keine legitime Begründung dafür, Menschen dauerhaft ungleich zu behandeln. Das Konzept der Generation kann mit

Bezug auf Gesellschaft oder mit Bezug auf Familie definiert werden – zwei Ebenen, die gewöhnlich getrennt behandelt werden, jedoch einen gemeinsamen Bezugsrahmen benötigen. Auf der Ebene der Familie bedeutet Generation eine bestimmte Position in der Abfolge von Eltern und Kindern. Auf der Ebene der Gesellschaft bedeutet Generation eine Menge von Personen, die im gleichen Zeitraum geboren sind (im Sprachgebrauch der Demographie: eine Geburtskohorte). Sie bewegen sich gemeinsam durch den Lebenslauf und erfahren die einzelnen historischen Ereignisse im gleichen Alter. Gesellschaftliche Generationen sind also Einheiten mit fester Mitgliedschaft. Man kann im Hinblick auf Einstellungen und Verhalten aus seiner Generation «austreten», nicht jedoch im Hinblick auf öffentliche Rechte und Pflichten. Die Teilung von Lasten und Vergünstigungen zwischen den Generationen ist gerecht und fair, soweit jede Generation erwarten kann, im Durchgang durch den Lebenslauf gleich behandelt zu werden wie die vorangegangenen und die folgenden Generationen. Die Älteren im Rahmen eines Umlageverfahrens durch Beiträge der Erwerbstätigen zu finanzieren, ist so lange unproblematisch, als letztere erwarten können, ihren Ruhestand in gleicher Weise durch die folgende Generation alimentiert zu bekommen.

Leider ist dies jedoch selten der Fall; Unterschiede zwischen den Generationen sind eher die Regel als die Ausnahme. Sie werden sowohl durch historische Umbrüche als auch durch den fortlaufenden demographischen, wirtschaftlichen und kulturellen Wandel erzeugt. Diese Unterschiede werden im öffentlichen Bewusstsein durch systematische Spaltungsdiskurse profiliert, etwa unter den Stichworten «Gerontokratie» oder «Generationengerechtigkeit». Auf der andern Seite lassen sich Mechanismen der gesellschaftlichen Integration erkennen, insbesondere politische Vermittlungsinstitutionen wie Parteien oder Gewerkschaften sowie die Beziehungen und der Austausch zwischen den Generationen in der Familie. Es gibt auch systematische Integrationsdiskurse, etwa die programmatische Forderung nach einer «Gesellschaft für alle Lebensalter» oder das von der EU ausgerufene «Jahr der Generationen».

Die neuen Generationen-Spaltungen

Spaltungen (*cleavages*) zwischen den Generationen können aus mehreren Quellen entstehen: aus historischen Umbrüchen, aber auch aus dem weniger sichtbar ablaufenden strukturellen Wandel in Wirtschaft und

Bevölkerung, dem kulturellen Wandel sowie den institutionalisierten Lebenslaufmustern selbst, die zu nach Alter abgestuften Erfahrungen, Pflichten und Chancen führen.

Historische Umbrüche oder «Wasserscheiden» wie Kriege, große wirtschaftliche Krisen oder politische Systemwechsel verändern in kurzer Zeit die Lebensbedingungen tiefgreifend und wirken deshalb auf die Generationen unterschiedlich ein. Ihr Auftreten variiert stark zwischen den Ländern. Die Schweiz ist ein Beispiel für ein Land, das im 20. Jahrhundert von solchen Umbrüchen relativ wenig betroffen worden ist, und auch die USA – aus der die meiste Forschungsliteratur über Generationenbeziehungen stammt – weisen eine höhere historische Kontinuität auf als große Teile Europas. Deutschland dagegen ist stark von Diskontinuität geprägt. Die ältesten noch lebenden Deutschen im Ostteil des Landes haben nicht weniger als vier abrupte Wechsel des politischen Regimes erlebt: vom Kaiserreich über 14 Jahre Weimar, 12 Jahre Nationalsozialismus und 40 Jahre DDR bis zur Bundesrepublik. Dazu kommen die beiden großen Kriege, Flucht oder Vertreibung und wirtschaftliche Krisen mit zwei massiven Geldentwertungen.

Als Beispiel für makrostrukturellen Wandel sei hier die massive Verschiebung in der sektoralen Zusammensetzung der Wirtschaft im Laufe des letzten Jahrhunderts – von der Dominanz der Landwirtschaft zu derjenigen der Industrie und danach der Dienstleistungen – erwähnt. Am schnellsten vollzog sich diese Verschiebung an der europäischen Peripherie: in den Mittelmeerländern, in Irland und in Skandinavien. In Finnland etwa schrumpfte der Anteil des primären Sektors (hauptsächlich Land- und Forstwirtschaft) von 71 Prozent im Jahre 1920 auf 46 Prozent 1950 und 8 Prozent 1990. Nach einer Überschlagsrechnung bedeutet dies, dass etwa zwei Drittel der gegenwärtigen finnischen Ruheständler in eine Bauernfamilie geboren wurden – eine Erfahrung, die man offensichtlich nicht leicht vergisst und die ein Grund dafür sein mag, dass landwirtschaftliche Interessen in der Politik auch vieler anderer europäischer Länder nach wie vor eine wichtige Rolle spielen, die weit über das aktuelle Gewicht des landwirtschaftlichen Sektors hinaus geht.

Kulturelle Verschiebungen wie etwa in Richtung stärkerer Individualisierung und Verschiebungen in den institutionellen Kontexten des Lebenslaufs – hauptsächlich Arbeitsmarkt und Wohlfahrtsstaat – sind ebenfalls zu berücksichtigen. Schließlich ist an die Demographie selber zu denken. Richard Easterlin (1980) hat ein weitreichendes Modell ökonomischer Spaltungen zwischen den Generationen formuliert, das

Tab. 1:
Das relative Ein-
kommen und seine
Veränderung nach
Altersgruppen,
OECD-Länder,
ca. 1985–2005

auf der demographischen Diskontinuität von großen und kleinen Geburtskohorten (also der Abfolge von *baby boom* und *baby bust*) basiert. Große Geburtskohorten sind mit stärkerer Konkurrenz in Schule und Arbeitsmarkt konfrontiert und bleiben deshalb lebenslang relativ benachteiligt. Als Folge daraus haben sie auch weniger Kinder. Für diese kleinen Geburtskohorten gilt das Gegenteil, so dass sie wieder mehr Kinder produzieren. Dieses Modell hat sich empirisch bisher nicht verallgemeinern lassen, es zeigt jedoch, wie demographische Prozesse Ungleichheit zwischen den Generationen schaffen und stabilisieren können.

		0–17	18–25	26–40	41–50	51–65	66–75	>75
Australien	2005	90.5	115.9	109.4	111.6	102.1	71.9	66.4
	Veränderung, 2005–1994	5.9	-4.4	-1.3	-11.8	12.2	4.4	0.6
Frankreich	2004	91.2	95.1	95.6	106.8	117.5	97.6	91.2
	Veränderung, 2005–1984	-3.3	-6.5	-10.3	-5.1	14.5	11.3	9.2
Deutschland	2005	87.7	90.9	98.8	112.8	114.2	96.3	85.5
	Veränderung, 2005–1984	-4.0	-8.1	-5.6	0.9	4.8	14.1	4.6
Ungarn	2005	95.3	109.2	102.8	103.8	106.9	86.8	78.8
	Veränderung, 2005–1991	-4.4	0.1	-1.6	-12.4	9.3	8.1	2.0
Italien	2005	90.1	99.6	106.2	106.0	110.4	88.4	76.0
	Veränderung, 2005–1984	-0.1	-7.2	-0.1	0.2	2.7	6.1	-1.9
Japan	2003	92.3	105.4	101.0	111.4	113.1	88.5	84.2
	Veränderung, 2003–1985	-0.2	-2.1	4.6	3.6	2.1	-2.9	-8.3
Schweden	2005	95.8	90.0	97.6	108.6	123.1	91.6	69.8
	Veränderung, 2005–1983	-1.8	-11.9	-4.8	-5.2	8.4	4.1	2.5
Schweiz	2004	85.2	105.0	109.2	109.0	110.0	82.0	76.9
	Veränderung, 2004–1998	1.2	0.2	8.6	0.9	-9.6	-12.4	-2.6
UK	2005	85.3	105.3	108.8	118.1	112.6	76.7	68.2
	Veränderung, 2005–1985	-4.3	-8.5	3.6	-5.4	7.4	2.7	-4.0
USA	2005	88.5	90.1	97.9	113.4	122.3	95.7	75.8
	Veränderung, 2005–1984	6.9	-8.6	-6.2	-4.1	1.7	-3.4	-8.7

Quelle: Förster & Mira D'Ercole (2005) für Mitte 1980er Jahre; eigene Berechnungen auf der Grundlage von OECD (2009) für Mitte der 2000er Jahre

Mittleres Äquivalenzeinkommen = 100; Veränderungen in Prozentpunkten

Wie schneiden die Generationen im Hinblick auf ihre wirtschaftliche Lebenslage ab? Tabelle 1 gibt eine Übersicht über die Einkommenslage der verschiedenen Altersgruppen in einigen ausgewählten OECD-Ländern im Jahre 2005 (oder kurz davor) und ihre Veränderung seit der Mitte der 1980er Jahre. Die Grundlage dafür sind Äquivalenzeinkommen, das heißt Haushaltseinkommen, die unter Berücksichtigung der Zusammensetzung der Haushalte auf die darin lebenden Personen umgerechnet werden. Die Ergebnisse zeigen, dass es den Kindern und Jugendlichen bis 17 Jahre schlechter als der Bevölkerung im Erwerbs-Alter geht und den Älteren über 65 in den meisten Ländern noch schlechter. Unter den letzteren sind die «alten Alten» (über 75) besonders benachteiligt.

Tab. 2:
Relative Armuts-
quoten und ihre
Veränderung nach
Altersgruppen,
OECD-Länder,
ca. 1985–2005

		0–17	18–25	26–40	41–50	51–65	66–75	>75	Total
Australien	2004	11.8	8.0	7.9	7.9	16.2	26.1	28.3	12.4
	Veränderung, 2004–1995	-1.2	1.5	-1.2	1.1	3.2	7.2	-1.8	1.1
Frankreich	2004	7.6	9.9	6.7	5.5	5.0	7.2	10.6	7.1
	Veränderung, 2004–1984	0.3	-0.2	0.7	-0.8	-5.1	-2.3	0.0	-1.2
Deutschland	2005	16.3	18.5	10.8	7.4	8.0	6.5	11.1	11.0
	Veränderung, 2005–1985	8.9	9.0	5.0	4.4	3.4	0.1	-0.1	4.7
Ungarn	2005	8.7	8.2	5.2	11.2	6.4	4.2	5.5	7.1
	Veränderung, 2005–1991	3.0	3.9	1.2	7.7	0.4	-8.1	-12.9	0.8
Italien	2004	15.5	12.3	9.8	9.9	9.0	11.2	15.2	11.4
	Veränderung, 2004–1984	4.0	2.7	1.9	2.0	-1.5	-4.3	-2.4	1.1
Japan	2004	13.7	16.1	10.7	10.9	13.2	19.4	25.4	14.9
	Veränderung, 2004–1985	2.8	5.6	1.3	1.4	-0.1	-3.4	1.9	2.9
Schweden	2004	4.0	14.7	5.6	3.9	2.3	3.4	9.8	5.3
	Veränderung, 2004–1983	1.2	5.8	3.2	1.2	-0.2	1.0	0.2	2.0
Schweiz	2004–05	9.4	8.2	6.1	5.4	7.4	16.6	19.3	8.7
	Veränderung 2004–2000	1.2	0.9	-0.1	1.4	0.6	4.5	4.0	1.2
UK	2005	10.1	7.9	7.0	5.7	8.0	8.5	12.6	8.3
	Veränderung, 2005–1985	2.5	2.2	1.5	3.3	2.2	0.3	1.3	2.0
USA	2005	20.6	21.2	14.8	11.9	12.8	20.0	27.4	17.1
	Veränderung, 2005–1984	-4.5	3.3	0.9	0.2	-0.5	1.9	-0.5	-0.8

Quelle: OECD (2009), eigene Berechnungen

Armutsschwelle: 50 % des Medians des Äquivalenzeinkommens; Veränderungen in Prozentpunkten

Die Darstellung der mittleren Einkommenslagen verschweigt allerdings die Verteilung *innerhalb* der Altersgruppen bzw. Kohorten, also die Wirksamkeit anderer Ungleichheitsdimensionen. Ein Teil davon kommt in den Armutsquoten – hier gemessen als Anteil derjenigen mit einem Äquivalenzeinkommen von weniger als 50 Prozent des Medians der jeweiligen Altersgruppe – zum Ausdruck (Tabelle 2). Die Armutsquote der Gesamtbevölkerung variiert zwischen 5 Prozent in Schweden und 17 Prozent in den USA. In den meisten Ländern sind sowohl Kinder und Jugendliche als auch Ältere häufiger arm als die Bevölkerung im Erwerbsalter, wobei die Älteren – besonders die über 75-Jährigen – meist (außer in Deutschland, Ungarn und Italien) noch schlechter dastehen als die Kinder und Jugendlichen unter 18 Jahren.

Diese empirischen Befunde legen einige politische Folgerungen nahe. Unter Gleichheitsgesichtspunkten ist es erforderlich, Kinder (und ihre Eltern) zu unterstützen, um ihre Einkommen und Armutsquoten an diejenigen der Erwerbsbevölkerung heranzuführen. Auf der andern Seite gibt es keinen Grund, den Älteren die sozialstaatlichen Leistungen zu entziehen oder zu kürzen, denn sie stehen mit ihrem relativen Einkommen noch schlechter da als die Kinder. Wir können uns entscheiden, im Hinblick auf die demographische Reproduktion der Gesellschaft und das Humankapital der künftigen Generationen mehr in die Kinder zu investieren, aber wenn dies zu Lasten der Älteren ginge, würde es die Grundsätze der Generationengerechtigkeit verletzen.

Politische Mobilisierung

Welche Risiken (oder welche Chancen) bestehen, dass diese Generationenspaltung in den wirtschaftlichen Lebenslagen zu einer politischen Mobilisierung entlang der Generationslinien führt? Zur Zeit sind sie eher gering. Zum einen ist die Spaltung – wie eben gezeigt – (noch) bescheiden, und zum andern müsste eine solche Mobilisierung einige Hürden überwinden. Die erste davon ist die prinzipielle Uneindeutigkeit in der Abgrenzung von gesellschaftlichen Generationen; es gibt gewöhnlich kein klares Kriterium dafür, wann eine Generation beginnt und wann sie endet, und deshalb trägt jede konkrete Definition ein hohes Maß von Willkür in sich. Diese Uneindeutigkeit erschwert die Wahrnehmung eines gemeinsamen historischen Schicksals. Die zweite Hürde liegt in der eingangs erläuterten internen Differenzierung jeder Generation im Hinblick auf Spaltungsdimensionen wie Klasse, Geschlecht, Ethnizität oder Religion. Trotz dieser Hürden sind allerdings viele historische Revolutionen von Jugendbewegungen angestoßen und vorangetrieben worden. Das war der Fall für die Französische Revolution von 1789 ebenso wie für die bolschewistische Revolution von 1917, für die faschistische Revolution in Italien ebenso wie für die nationalsozialistische in Deutschland. Ein großer Teil der Führungskader der NSDAP war 1933 anfangs oder Mitte Dreißig (und als das Tausendjährige Reich zwölf Jahre später sein Ende fand, Mitte Vierzig). In Italien feierte die faschistische Hymne die Jugend als «Frühling der Schönheit» («*Giovinezza, giovinezza, primavera di bellezza ...*») und nahm sie als Vorhut des kulturellen und politischen Umbruchs – im Kriegszustand mit der Welt der Erwachsenen – in Anspruch (Wohl, 1979). Das Problem der internen Differenzierung wurde durch Generationseliten, die sich als Trägergruppen der übrigen sozialen Schichten darzustellen verstanden, erfolgreich gelöst.

Es gibt vier Dimensionen politischen Verhaltens, die man im Hinblick auf Indikatoren für eine generationelle Mobilisierung überprüfen kann (vgl. auch Schmidt, 2012). Die erste liegt in der Wahrnehmung von Alters- bzw. Generationenspaltungen durch die Bevölkerung, insbesondere im Hinblick auf die wohlfahrtsstaatliche Umverteilung (z.B. Busemeyer, Goerres, & Weschle, 2009; Svallfors, 2008). Es gibt inzwischen einige vergleichende Surveys, die sich dazu nutzen lassen. Darin werden die Befragten etwa nach ihren Präferenzen für eine Ausweitung oder Einschränkung der öffentlichen Ausgaben für bestimmte Politikbereiche wie Renten oder Bildung gefragt. Die Ergebnisse zeigen eine übereinstimmende Befürwortung höherer öffentlicher Ausgaben für diese beiden Bereiche quer durch alle Altersgruppen. Es gibt gewisse Altersunterschiede dergestalt, dass bei den Renten die Älteren eine etwas stärkere Unterstützung zeigen als die Jüngeren, während es bei Bildung umgekehrt ist. Aber dieser Alters- bzw. Kohorteneffekt ist bescheiden. Ähnliches trifft für die Präferenzen hinsichtlich spezifischer politischer Maßnahmen zu. So wird z.B. eine Erhöhung der Altersgrenze für den Rentenbeginn von einer großen Mehrheit abgelehnt – wiederum quer durch alle Altersgruppen.

Der zweite Indikator ist das Wahlverhalten. Auch hier sind die bisher beobachteten Alterseffekte gering. Vieles spricht eher für Kohorteneffekte. Für die USA haben Campbell & Binstock (2011, S. 268) festgestellt, dass in den letzten 10 Präsidentschaftswahlen alle Altersgruppen außer der jüngsten (den 18–29-Jährigen) ihre Stimmen in jeweils annähernd gleichen Anteilen auf die Kandidaten verteilten. Dagegen gab es starke Periodeneffekte, entweder zugunsten der Demokraten oder der Republikaner. Diese resultierten in entsprechenden Kohorteneffekten, da die Erstwähler besonders stark auf die jeweiligen Periodeneffekte reagierten und als Kohorte dazu tendierten, diese erste Wahlentscheidung über ihren ganzen weiteren Lebenslauf hinweg beizubehalten. In den europäischen Mehrparteiensystemen (Goerres, 2009) haben sich an verschiedenen Stellen «graue» Parteien gebildet, die sich die spezifische Interessenvertretung der Rentner auf die Fahnen geschrieben und damit auch einzelne Wahlerfolge erzielt haben; aber wie den andern Ein-Thema-Parteien ist es ihnen meist nicht gelungen, sich dauerhaft zu etablieren.

Der dritte Indikator bezieht sich auf die Stimmabgabe in Referenden über bestimmte Politikmaßnahmen, wie sie in der Schweiz oder in einigen Staaten der USA üblich sind. Sie lässt spezifischere Schlüsse auf die Präferenzen der Bevölkerung zu als das Wahlverhalten. Die wenigen bisher vorliegenden Befunde dazu (z.B. Bonoli & Häusermann, 2009) zeigen erneut gewisse Altersunterschiede im Sinne der Vertretung eigener Interessen (z.B. höhere Unterstützung von Maßnahmen der Rentenpolitik durch die Älteren, von Maßnahmen der Bildungs- oder Familienpolitik durch die Jüngeren). Die Unterschiede sind jedoch auch hier relativ gering.

Als viertes schließlich sind die Unterschiede in der politischen Beteiligung zu nennen (Campbell & Binstock, 2011; Goerres, 2010). Das zunehmende Gewicht der Älteren in Wahlen und Referenden ist nicht nur in ihrem steigenden Anteil an der Wahlbevölkerung begründet, sondern auch in ihrer höheren Wahlbeteiligung im Vergleich zu den jungen Erwachsenen. Ähnliches gilt für die Mitgliedschaft in politischen Parteien. Aber Parteimitgliedschaft lässt sich nicht mit politischer Macht gleichsetzen. In Deutschland gibt es ein «Paradox der Repräsentation» (Kohli, Neckel, & Wolf, 1999): Die Älteren haben eine wesentlich geringere Vertretung in Parlament und Regierung, als ihrem Bevölkerungsanteil oder gar ihrem Mitgliedsanteil in den Parteien entspricht.

Generationenintegration: Vermittlungsinstitutionen in Politik und Familie

Dass die Spannungslinien zwischen den Generationen, was die Lebenslagen und vor allem die wohlfahrtsstaatliche Umverteilung betrifft, bisher nicht zu stärkerer politischer Mobilisierung geführt haben, ist erklärungsbedürftig – umso mehr als es an Mobilisierungsversuchen und entsprechenden Spaltungsdiskursen nicht gefehlt hat. Die wichtigste

Erklärung dürfte darin zu suchen sein, dass es wirksame Institutionen und Prozesse der Generationenintegration gibt, sowohl im politischen wie im familialen Generationenverhältnis.

Im politischen Bereich geht es um die vorherrschenden Muster der Interessenformation. Die großen Volksparteien und die Gewerkschaften sind nicht nach Alter differenziert, sondern versammeln der Tendenz nach alle Altersgruppen und Generationen unter ihrem Dach. Durch den organisierten Austausch bzw. die Konkurrenz zwischen ihnen tragen sie dazu bei, Generationsinteressen intern zu stabilisieren (Kohli et al., 1999). Die Interessenkonflikte werden intern geregelt und nicht auf dem externen politischen Markt als Kampf zwischen nach Alter und Generation differenzierten Organisationen ausgetragen. Wenn allerdings die Konkurrenz zwischen den Generationen sich realgesellschaftlich verschärfen sollte, dürfte dieses interne System der Konfliktartikulation zunehmend unter Druck geraten.

Familien sind die prototypische Institution der Alters- und Generationenintegration. Ihre Bedeutung wird durch die Befunde über die räumliche und emotionale Nähe zwischen den Familiengenerationen und über ihre gegenseitige materielle Unterstützung untermauert (Kohli, 2009). Aus traditioneller Sicht erscheinen die Älteren hauptsächlich als Unterstützungsbedürftige (und damit als soziales Problem). In der neueren Forschung ist es gelungen, die Älteren auch als Unterstützungsleistende (und damit als soziale Ressource) wahrzunehmen; diese Unterstützungsrichtung ist stärker ausgeprägt, so dass es zu einem Netto-Unterstützungsfluss von den Eltern zu den Kindern kommt (also in gegenläufiger Richtung zum öffentlichen Transfer durch das Rentensystem).

Solche familiale Unterstützung im Generationenverhältnis ist für die Beteiligten nicht nur erfreulich; weil es dabei um die Balance zwischen moralischer Verpflichtung und Autonomie geht, ist sie immer ambivalent (Lüscher, 2000) und in manchen Fällen konfliktbeladen (Szydlik, 2002). Aber insgesamt überwiegen doch die positiven Aspekte der Nähe und Hilfe. Sie sind ein Kitt zwischen den Generationen und tragen zu deren Integration über die potenziellen gesellschaftlichen Spannungslinien hinweg bei.

Zusammenfassung und Ausblick

Altersgruppen und Generationen bilden eine zentrale Dimension sozialer Ungleichheit. Dies wirft zwei Fragen auf, die ich in diesem Kapitel diskutiert habe: erstens, wie sich diese Ungleichheiten entwickelt haben und durch den gegenwärtigen sozialen Wandel beeinflusst werden; und zweitens, wie sie sich in gesellschaftliche Spannungslinien und Konflikte ummünzen. Ob und wie stark diese Konflikte offen ausgetragen werden, hängt von der politischen Mobilisierung der Akteure auf beiden Seiten der Bruchlinie ab. Die vorliegenden Befunde zeigen, dass es derzeit wenig offene Konflikte zwischen den Generationen gibt. Das liegt nicht zuletzt an den Vermittlungsinstitutionen in Politik und Familie.

Wie wird sich die Spannungslinie zwischen den Generationen zukünftig entwickeln? Werden die politischen Vermittlungsinstitutionen und die Solidarität zwischen den Generationen innerhalb der Familie stark genug bleiben, um das Konfliktpotenzial zwischen den Altersgruppen und Generationen in Schach zu halten – auch unter den Bedingungen eines (partiellen) Rückschnitts des wohlfahrtsstaatlichen Generationenvertrages?

Die Frage stellt sich ähnlich mit Bezug auf die Klassenspaltung. In den meisten westlichen Gesellschaften ist die Ungleichheit zwischen den sozialen Schichten in den letzten Jahrzehnten wieder gestiegen. Das Altern der Bevölkerung dürfte diese Ungleichheit weiter vertiefen, denn zentrale Dimensionen des Lebens im Alter sind sozial geschichtet – von Morbidität und Mortalität über funktionale Leistungsfähigkeit und materielle Lage bis zu sozialer Partizipation und Integration. Die lebenslange Akkumulation von Gewinnen und Verlusten hat zur Folge, dass die Variation zwischen den Individuen mit dem Alter zunimmt, und ein beträchtlicher Teil dieser Variation ist nach Sozialstatus differenziert. Die Klassenspaltung ist im Alter wirksamer als in den Lebensphasen zuvor, vor allem wenn die Kompensation durch den Wohlfahrtsstaat gering bleibt. Zwar schwächen sich die institutionellen Grundlagen für eine Klassenmobilisierung in den industriellen Beziehungen und im Parteiensystem ab, aber die zunehmende soziale Schichtung im Alter könnte dazu führen, dass Klassen- und Generationenspaltung – statt sich gegenseitig zu neutralisieren – zusammenkommen und zu neuen Konfliktlinien führen.

Literatur

Bonoli, G./Häusermann, S., 2009: *Who Wants What from the Welfare State? Social-Structural Cleavages in Distributional Politics: Evidence from Swiss Referendum Votes*. In: European Societies, 11, S. 211–232.

Busemeyer, M. R./Goerres, A./Weschle, S., 2009: *Attitudes Towards Redistributive Spending in an Era of Demographic Ageing: The Rival Pressures from Age and Income in 14 OECD Countries*. In: Journal of European Social Policy, 19, S. 195–212.

Campbell, A. L./Binstock, R. H., 2011: *Politics and Aging in the United States*. In: Handbook of Aging and the Social Sciences, 7th Edition, hrsg. v. R.H. Binstock und L.K. George, San Diego, S. 265–279.

Easterlin, R. A., 1980: *Birth and Fortune: The Impact of Numbers on Personal Welfare*, New York.

Förster, M./Mira d'Ercole, M., 2005: *Income Distribution and Poverty in OECD Countries in the Second Half of the 1990s*. OECD Social Employment and Migration Working Papers No. 22. Paris: OECD. URL: http://ideas.repec.org/p/oec/elsaab/22-en.html, 16. Juli 2008.

Goerres, A., 2009: *The Political Participation of Older People in Europe: The Greying of our Democracies*, Basingstoke.

Kaufmann, F.-X., 2005: *Gibt es einen Generationenvertrag?* In: Sozialpolitik und Sozialstaat: Soziologische Analysen, 2. Aufl., hrsg. v. F.-X. Kaufmann, Wiesbaden, S. 161–182.

Kohli, M., 2009: *Familiale Generationenbeziehungen im Wohlfahrtsstaat*. In: Altern: Familie, Zivilgesellschaft, Politik, hrsg. v. J. Kocka, M. Kohli und W. Streeck, Stuttgart, S. 93–115.

Kohli, M., 2012: *Generationenbeziehungen und Generationenkonflikte*. In: Alter und Altern: Wirklichkeiten und Deutungen, hrsg. v. P. Graf Kielmannsegg und H. Häfner, Heidelberg, S. 125–143.

Kohli, M./Neckel, S./Wolf, J., 1999: *Krieg der Generationen? Die politische Macht der Älteren*. In: Funkkolleg Altern, Bd. 2, hrsg. v. A. Niederfranke, G. Naegele und E. Frahm, Opladen, S. 479–514.

Lee, R./Mason, A., 2011: *Population Aging and the Generational Economy: A Global Perspective*, Cheltenham.

Lüscher, K., 2000: *Die Ambivalenz von Generationenbeziehungen – eine allgemeine heuristische Hypothese*. In: Generationen in Familie und Gesellschaft, hrsg. v. M. Kohli und M. Szydlik, Opladen, S. 138–161.

OECD, 2009: *Growing Unequal? Income Distribution and Poverty in OECD Countries*, Paris.

Schmidt, M. G., 2012: *Die Demokratie wird älter – Politische Konsequenzen des demographischen Wandels*. In: Alter und Altern: Wirklichkeiten und Deutungen, hrsg. v. P. Graf Kielmannsegg und H. Häfner, Heidelberg, S. 163–184.

Schütze, Y., 2012: *Soziale Ungleichheit im Alter*. In: Alter und Altern: Wirklichkeiten und Deutungen, hrsg. v. P. Graf Kielmannsegg und H. Häfner, Heidelberg, S. 115–123.

Svallfors, S., 2008: *The Generational Contract in Sweden: Age-Specific Attitudes to Age-Related Policies*. In: Policy & Politics, 36, S. 381–396.

Szydlik, M., 2002: *Wenn sich Generationen auseinanderleben*. In: ZSE – Zeitschrift für Soziologie der Erziehung und Sozialisation, 22, S. 362–373.

Wohl, R., 1979: *The Generation of 1914*. Cambridge, MA.

Generationensolidarität in Familie und Gesellschaft – noch funktioniert sie in der Schweiz

Pasqualina Perrig-Chiello

Einleitung: Fragen, Konzepte und gesellschaftliche Veränderungen

Aus wissenschaftlicher Perspektive ist die Solidarität zwischen den Generationen weder ein neues Thema noch eine Selbstverständlichkeit – selbst wenn im öffentlichen Diskurs beide Varianten prominent vertreten werden. Wenn wir nämlich Generationensolidarität als Ausdruck unbedingter Verlässlichkeit und Unterstützung zwischen den Angehörigen einer oder mehrerer Generationen definieren, so können wir aufgrund historischer Quellen schliessen, dass diese schon immer vorhanden war, ja, vorhanden sein musste, weil ohne sie der Fortbestand der Menschheit gar nicht denkbar gewesen wäre – ganz zu schweigen vom gesellschaftlichen und kulturellen Fortschritt. Die funktionale und affektive Solidarität, also das Geben und Nehmen von Geld, Zeit, Raum sowie die gegenseitige Bindung und Verpflichtung haben Tradition (Jaeger, 1977). Gleichzeitig war die intergenerationelle Solidarität aber nie eine Selbstverständlichkeit. Sie variierte je nach gesellschaftlich-historischem und kulturellem Kontext und ist seit jeher das Resultat von individuellen, familialen und gesellschaftlichen Aushandlungsprozessen. Das Thema der intergenerationellen Solidarität ist jedenfalls ein hochemotionaler Gegenstand. Weil Generationenbeziehungen durch eine prinzipielle Unkündbarkeit und (in Familien) durch Intimität geprägt sind, weisen sie ein hohes Potenzial für Konflikte und Ambivalenzerfahrungen auf (Lüscher & Liegle, 2003). Ob auf familialer oder gesellschaftlicher Ebene ist somit die Solidarität zwischen den Generationen nicht nur eine Frage der reellen *Kontextbedingungen*, sondern auch von emotionalen und ethisch-moralischen *Ansprüchen und Erwartungen*, wie Selbstverständlichkeit, Gerechtigkeit, Verpflichtung, aber auch Liebe und Verbundenheit.

Bekanntlich ist in den letzten Jahren das Wort «Generationensolidarität» für viele zu einem Reizwort geworden. Warum diese Aufregung? Der demographische und gesellschaftliche Wandel der letzten Dekaden hat zu nie dagewesenen Realitäten geführt, die durchaus verunsichern können. Die längere Lebensdauer bei gleichzeitigem Geburtenrückgang, die hohen Scheidungsraten, die Entstehung neuer Familienformen und der Trend zur Singularisierung (immer mehr Singles und Alleinlebende) haben die familialen und gesellschaftlichen intergenerationellen Verhältnisse grundlegend verändert. Parallel dazu fand ein beispielloser kultureller Wandel statt, der eine generelle Infragestellung und Pluralisierung von Werten und Rollenvorstellungen mit sich brachte. Verlässliche Altersgrenzen wurden aufgeweicht, herkömmliche Erwartungen an die Partner-, Kinder-, Eltern- und Grosselternrolle immer weniger starr interpretiert und vermehrt individuell gestaltet. Auch wenn diese Veränderungen viele neue Chancen in sich bergen, sind sie häufig auch mit multiplen Unsicherheiten, Sorgen und Ängsten assoziiert (Perrig-Chiello, Höpflinger, & Suter, 2008). Im öffentlichen Diskurs werden indes die Unsicherheiten weit häufiger thematisiert als die Chancen. Ein beliebtes und wiederkehrendes Thema ist dabei etwa dasjenige, dass das Alter mit einer hohen finanziellen Belastung für die jüngeren Generationen einhergeht. Die Tatsache, dass parallel zur höheren Lebenserwartung in den letzten Jahrzehnten ein steter Rückgang der Geburten zu verzeichnen ist, bietet zudem eine goldene Plattform für Kulturpessimisten: Immer weniger Jüngere (im arbeitsfähigen Alter) müssen für immer mehr Alte aufkommen, für Alte, die es sich gut gehen lassen, ohne Rücksicht auf kommende Generationen. Generationenbeziehungen gestalten sich in der Tat zunehmend komplizierter und schwieriger. Viele vermeintliche Selbstverständlichkeiten wie die intergenerationelle Solidarität und die gegenseitige Verpflichtung, scheinen alles andere als selbstverständlich zu sein. Es stellt sich allerdings die Frage, inwiefern die Szenarien über Generationenkrieg und das Ende des Generationenvertrags blosse Schwarzmalerei unverbesserlicher Pessimisten, profilierungssüchtiger Journalisten und populistischer Politiker sind oder ob mehr dahinter steckt. Sind die Alten, vor allem die jungen Alten, wirklich nur Profiteure auf Kosten der jüngeren Generationen? Wie steht es um die Solidarität zwischen den Generationen wirklich? Solche und ähnliche Fragen stehen zunehmend im Fokus vieler sozialwissenschaftlicher Untersuchungen (Kohli & Szydlik, 2000; Szydlik, 2000; Perrig-Chiello et al., 2008; Kühnemund & Szydlik, 2009, u.a.), welche auch die Grundlage folgender Ausführungen bilden. Vor allem in den letzten 15 Jahren wurden die Generationenbeziehungen aus soziologischer, psychologischer, juristischer oder ökonomischer Perspektive untersucht. Die Ergebnisse dieser Forschungen sind dringend notwendig, da das Ausmass der Problematik lange verkannt wurde und viele Vorurteile nach wie vor den öffentlichen Diskurs bestimmen.

Die Fakten: gelebte inter- und intragenerationelle Solidarität

Es ist keine Frage: Die Alterung der Gesellschaft hat das (Zusammen-) Leben der Generationen entscheidend verändert, doch ihr Miteinander ist in der Schweiz mehrheitlich solidarisch (Perrig-Chiello et al., 2008). Zwar sind die «jungen Alten», insbesondere aber die Babyboomer, als Kinder der Nachkriegs-Wunderjahre in ihren Lebens- und Konsumbedürfnissen zumeist individualistischer und anspruchsvoller als frühere Generationen (Perrig-Chiello & Höpflinger, 2009). Daraus jedoch zu schliessen, dass diese nur ihre eigenen Bedürfnisse im Visier haben, greift zu kurz und stellt nur die eine Seite der Medaille dar. Die andere Seite ist nämlich die, dass auch diese Generation von jungen Alten sehr wohl und in bedeutsamem Masse zum Allgemeinwohl beiträgt, sei es in familialen Belangen (Enkelkinderbetreuung, Pflege der betagten Eltern oder des Partners/der Partnerin, etc.), oder sei es für das Allgemeinwohl in Form von Freiwilligenarbeit (Nachbarschaftshilfe, Mitarbeit in Vereinen, etc.). Bei allen neuen Optionen und Freiheiten scheint zudem auch der Mehrheit der jungen Alten bewusst zu sein, dass mit zunehmendem Alter Werte wie familialer Zusammenhalt und Solidarität, vor allem aber die *Generativität* von existenzieller Bedeutung sind. Generativität im Alter bezieht sich sowohl auf die Vermittlung und Weitergabe von Erfahrungen an jüngere Generationen als auch auf Aktivitäten, durch die ältere Menschen einen Beitrag für das Gemeinwesen leisten. Generativität trägt aber nicht nur zum Wohle der Gesellschaft bei, sondern ist in der Regel auch mit einem hohen persönlichen Nutzen verbunden. Generativität ist nämlich in hohem Masse sinnstiftend und wirkt sich dadurch positiv auf die psychische Befindlichkeit aus.

Was ferner aus einschlägigen Forschungsergebnissen klar hervorgeht, ist, dass die im öffentlichen und politischen Diskurs gern benutzten so genannten negativen Generationenbilanzen die Realität ungenügend wiedergeben (Perrig-Chiello et al., 2008). Fakt ist, dass diese nur die offiziell ausgewiesenen sozialstaatlichen Transferleistungen berücksichtigen und die beträchtlichen familialen und informellen Leistungen in Form von Zeit, Geld und Arbeit ausblenden – mit Vorliebe jene der älteren Generationen zugunsten der jüngeren. Realität ist ferner – und dies zeigen europäische Studien –, dass, obschon sich die gesellschaftlichen Umstände verändert haben, in den Familien nach wie vor eine erhebliche intergenerationelle Solidarität vorhanden ist (Brandt, Haberkern, & Szydlik, 2009). Eltern, Kinder und Kindeskinder sind im Allgemeinen zeitlebens miteinander verbunden. Die Generationenbeziehung reisst keineswegs mit dem Verlassen des Elternhauses und mit der Gründung einer eigenen Familie ab. Wenn erwachsene Kinder und Eltern nicht mehr zusammenleben, ist ihr Verhältnis in der Regel durch geringe Wohnentfernung, enge emotionale Bindung, häufige Kontakte und vielfältige Unterstützung geprägt. Auch im (hohen) Alter existieren weiterhin starke Bindungen und Leistungen zwischen erwachsenen Kindern und ihren Eltern. Thesen wie Vereinzelung, Individualisierung und Isolierung sind deshalb mit Vorsicht zu geniessen. So kommt etwa der Enkelkinderbetreuung durch die Grosseltern aufgrund mangelnder oder unerschwinglicher Krippenplätze in der Schweiz eine entscheidende Rolle zu. Und die Zahlen sind eindrücklich (Perrig-Chiello et al., 2008): Es geht hier um rund 100 Millionen Stunden Enkelkinderbetreuung pro Jahr, was rund 2 Milliarden CHF entspricht. 80 Prozent dieser Arbeit werden von Grossmüttern geleistet. Überhaupt spielen Grosseltern eine herausragende Rolle für die Enkelkinder – nicht nur als Geschichtenerzähler und als Wertevermittler, sondern auch als Anlaufstelle bei Sorgen und Nöten. So sind Grosseltern – Studienergebnissen zufolge – die am häufigsten konsultierten Vertrauenspersonen von Kindern im Falle einer Scheidung ihrer Eltern. Diese Fakten sowie die Tatsache, dass sich Senioren in bedeutsamem Masse auch ausserfamilial sozial engagieren, werden freilich kaum öffentlich verbreitet und debattiert. So sind «Leih-Omas und Opas» eine zunehmende Realität: Senioren mit oder ohne Enkelkinder, welche beispielsweise einen Mittagstisch oder Hausaufgabenhilfe für Kinder und Jugendliche mit Migrationshintergrund anbieten. Oder: Senioren im Klassenzimmer – für viele Lehrpersonen eine willkommene Entlastung bei immer heterogeneren und schwierigeren Schulklassen. Ist das alles selbstverständlich? Was wäre, wenn plötzlich alle Grossmütter streiken würden? Grossmütter, die heute zwischen Beruf und Partnerschaft balancieren und darüber hinaus auch noch ihre Enkelkinder hüten – und das nicht «just for fun», aber aus Solidarität mit ihren Kindern.

Ein schier unermessliches intergenerationelles Engagement wird ferner für die Hilfe und Pflege von älteren Angehörigen erbracht (Perrig-Chiello & Höpflinger, 2012). Vor allem im hohen Alter sind Menschen auf eine funktionierende Solidarität innerhalb und zwischen den Generationen angewiesen – und diese wird vielfach unter vielen Opfern auch erbracht. Nur ein Fünftel der über 80-Jährigen in der Schweiz lebt in einem Alters- oder Pflegeheim, sechs von zehn zu Hause lebenden Pflegebedürftigen werden von Angehörigen betreut – und dies nicht nur aus Liebe, sondern aufgrund eines starken Verpflichtungsgefühls. Der Wert der privaten Pflegearbeit beträgt schätzungsweise jährlich 10 bis 12 Milliarden CHF. Diese Arbeit wird zu 80 Prozent von Frauen, namentlich von Töchtern und Partnerinnen, erbracht. Frauen sind generell mit hohen familialen und gesellschaftlichen Solidaritätserwartungen konfrontiert, weit mehr als die Männer. Überhaupt gelten Frauen als die Kin-keeper – als die Garantinnen der familialen Solidarität – sei es als treusorgende Gattin, pflegende Tochter oder kinderhütende Oma. Aufgrund steigender Frauenerwerbstätigkeit und Scheidungsraten erhöht sich allerdings auch das Risiko beruflich-pflegerischer Unvereinbarkeiten.

Noch sind viele Frauen gewillt, diesen Spagat zu erbringen (durch Reduktion des Arbeitspensums oder gar durch Aufgabe ihrer beruflichen Tätigkeit) – wie lange noch? Und weiter: Wer wird die neuen Alten eines Tages pflegen? Hier zeichnen sich erfreulicherweise neue Möglichkeiten und Aktivitäten ab, die noch vor einigen Jahren nicht denkbar waren:

Proaktiv organisieren sich junge Alte und treiben innovative Wohn- und Arbeitsprojekte voran. Beispiele: Generationenwohnhäuser und Siedlungen, gemeinschaftliches Wohnen, Senioren helfen Senioren, Fahrdienste, etc.

Aber auch jüngere Generationen sehen hier neue Handlungsfelder im Generationenverbund: So etwa das innovative Projekt dreier Schweizer Frauen – alle einer anderen Generation zugehörig – welche eine Sozialfirma gründeten. Ihre Idee ist bestechend einfach und brillant zugleich: Sie engagieren ältere «eingeschränkt arbeitsmarktfähige» Personen (z.B. Langzeitarbeitslose), welche sie für die ambulante Hilfe und Pflege von betagten pflegebedürftigen Personen verpflichten – gegen Bezahlung natürlich.

Der Seniorenmarkt boomt – und die Vertreter verschiedener Generationen mischen tüchtig mit. Dies relativiert alle demografischen Szenarien in denen beklagt wird, dass in Zukunft weniger Erwerbstätige für immer mehr Rentner aufkommen müssen. Wer nämlich glaubt, dass den Jungen fehlt, was den Alten zukommt, und dass diese einseitig von den Erwerbstätigen profitieren, geht von einem sozialpolitischen Nullsummenspiel aus. Die Zusammenhänge sind komplexer. So brauchen beispielsweise hochaltrige Personen medizinische Hilfe – und verhelfen so jüngeren Personen zu Arbeit und Lohn. Wohl veranlasst der Staat im Rahmen der Gesundheitsversorgung finanzielle Transfers von Jung zu Alt – doch die verändern sich mit der demografischen Alterung überraschend wenig, weil die Gesundheitskosten primär in Abhängigkeit von der Nähe zum Tod steigen und nicht mit dem kalendarischen Alter (Kocher & Oggier, 2004).

Spätestens hier stellt sich die Frage, in welchem Zusammenhang die familiale und gesellschaftliche Solidarität mit Sozialstruktur und sozialer Ungleichheit steht. Inwiefern sind etwa intergenerationale Unterstützungen in der Familie von deren Ressourcen geprägt? Ist letztendlich das Geld der beste Generationenkitt? Ob der beste oder nicht, jedenfalls ist Geld erwiesenermassen ein guter Garant für die familiale Generationensolidarität. Empirische Befunde belegen in der Tat klar, dass viele Generationenfragen sich bei näherem Besehen als Fragen der sozialen Gerechtigkeit und Nachhaltigkeit entpuppen. Dabei kommt ganz offensichtlich das Matthäus-Prinzip zum Tragen: Wer hat, dem wird gegeben. Familien werden durch die starke Generationensolidarität gefestigt, aber es sind vor allem die *ressourcenstarken* Eltern, die ihren Kindern zeitlebens besonders grosse Leistungen bieten können (Szydlik, 2004; Kohli, 2009). Insofern öffnet sich die generationenbezogene Ungleichheitsschere über den Lebenslauf immer mehr. Hier zeigt sich klar, dass die inter- und intragenerationelle Solidarität ihre Grenzen hat.

Generationensolidarität: Lösungsmöglichkeiten jenseits von Konfliktdiskursen

Solidarität innerhalb und zwischen den Generationen – was ist die Alternative? Solidarität ist aus menschlichen, sozialpolitischen und volkswirtschaftlichen Gründen dringlich und *ohne* jegliche Alternative! Fasst man die einschlägigen europäischen Forschungsergebnisse zusammen, so kommt man zum Schluss, dass trotz des viel beschworenen Generationenkriegs in unserer Gesellschaft sehr wohl eine Bereitschaft zu Solidarität besteht, insbesondere in Familien – und diese spielt in der Schweiz eine herausragende Rolle für das gute Funktionieren des Sozialstaats. Die Frage ist nur: wie lange noch? Denn:

Diese Solidarität wird gemeinhin erwartet und gefordert, aber gesellschaftlich immer noch zu wenig erkannt und anerkannt.

Für die neuen Generationen von Senioren ist die Solidarität innerhalb und zwischen den Generationen sicherlich eine gelebte Realität, es ist dies aber eine Realität mit einem zunehmend fragilen Gleichgewicht. Wie weiter? Solidarität ist keine Selbstverständlichkeit – sie muss erarbeitet, ausgehandelt und auf breiter Ebene thematisiert, diskutiert und tatkräftig unterstützt werden. Solidarität ist nicht nur eine private individuelle und familiale Angelegenheit, sondern vor allem eine gesellschaftliche, eine politische Aufgabe. Zu deren Bewältigung braucht es Lösungsmöglichkeiten jenseits von Konflikt- und Solidaritätsdiskursen. Hierzu sind einige Voraussetzungen unbedingt zu erfüllen:

Akzeptieren der Realität, nämlich, dass wir eine Vier-Generationengesellschaft sind – mit all ihren Vor- und Nachteilen. Akzeptieren der Verschiedenheit innerhalb und zwischen den Generationen – jede Generation hat ihre Stärken und Schwächen, ihre Aufgaben, ihre spezifischen Vorstellungen, wie sie ihr Leben gestalten will, und das ist gut so, wir sprechen ja von Generationenidentität und die ist wichtig.

Respekt und gegenseitige Anerkennung: Es braucht Wissen voneinander und es braucht die Sicherheit, dass unterschiedliche Werthaltungen nicht etwas Bedrohliches und zu Bekämpfendes sind. Unterschiedliche Werthaltungen können komplementär sein und sich gegenseitig bereichern. Wir müssen die Generationen*vielfalt* nutzen, sie macht uns reicher!

Partizipation: Gesellschaftliche Teilnahme für alle Altersgruppen – ohne wenn und aber – ist ein Menschenrecht. Es darf keine Diskriminierung, kein sozialer Ausschluss aufgrund des Alters in Politik, Kultur, Wissenschaft und Arbeitsmarkt geben. Die Förderung von Kontakten mit Gleichaltrigen und Leuten *unterschiedlichen* Alters verbessert nachweislich die intergenerationelle Integration in unserer Gesellschaft.

Ungleiche Ressourcen statt Altersunterschiede thematisieren: Es geht um eine ethische Überzeugung, der zufolge Angehörige verschiedener Generationen gegenseitige Pflichten und Verpflichtungen haben, nämlich, dass jede Generation alles, was in ihren Möglichkeiten steht, tut/tun muss, um das Leben und die Lebensqualität *aller* Generationen zu sichern. Wem diese Möglichkeiten nicht gegeben sind, soll auf Solidarität und Unterstützung anderer zählen können, dies trifft vor allem zu Beginn des Lebens und am Lebensende zu.

Generativität: Die älteren Generationen, also Leute im mittleren und höheren Lebensalter, sind aufgrund ihrer Lebenserfahrung und ihrer vermehrten Möglichkeiten der Einflussnahme verantwortlich, die ideellen und materiellen Lebensgrundlagen der Nachkommen zu sichern. Wer gibt, soll nicht mit der Absicht geben, etwas zurückzuerhalten, sondern aus der Überzeugung heraus, dass es richtig und wichtig ist und – als netter Nebeneffekt – letztlich auch noch glücklich macht! Wir wissen aus der gerontologischen Forschung, dass jene Individuen die besten Karten haben, die nicht primär ihre Interessen fokussieren, sondern sich für andere engagieren.

Die Fähigkeit, solidarisch zu sein und sich für andere einzusetzen, lernen wir bereits in jungen Jahren und zwar dadurch, dass wir Liebe erfahren und damit befähigt werden, Liebe zu geben. Wenn wir also eine solidarische Gesellschaft gestalten wollen, dann müssen wir in die Zukunft unserer Kinder investieren. Das ist die primäre Aufgabe und die sinnstiftende Funktion der älteren Generationen.

Literatur

Brandt, M./Haberkern, K./Szydlik, M., 2009: *Intergenerational Help and Care in Europe.* In: European Sociological Review, 25(5), 585–601.

Jaeger, H., 1977: *Generationen in der Geschichte – Überlegungen zu einer umstrittenen Konzeption.* In: Geschichte und Gesellschaft, 3(4), 429–452.

Kocher, G./Oggier, W., 2004: *Gesundheitswesen Schweiz*, Bern.

Kohli, M., 2009: *Ungleichheit, Konflikt und Integration.* In: Generationen: Multidisziplinäre Perspektiven, hrsg. v. H. Künemund & M. Szydlik, Wiesbaden, S. 229–236.

Kohli, M./Szydlik, M., 2000: *Generationen in Familie und Gesellschaft, Opladen.*

Künemund, H./Szydlik, M., 2009: *Generationen: multidisziplinäre Perspektiven*, Wiesbaden.

Lüscher, K./Liegle, L., 2003: *Generationenbeziehungen in Familie und Gesellschaft*, Konstanz.

Perrig-Chiello, P./Höpflinger, F., 2009: *Die Babyboomer. Eine Generation revolutioniert das Alter*, Zürich.

Perrig-Chiello, P./Höpflinger, F. (Hrsg.), 2012: *Pflegende Angehörige von älteren Menschen*, Bern.

Perrig-Chiello, P./Höpflinger, F./Suter, C., 2008: *Generationen – Strukturen und Beziehungen. Generationenbericht Schweiz*, Zürich.

Szydlik, M., 2000: *Lebenslange Solidarität? Generationenbeziehungen zwischen erwachsenen Kindern und Eltern*, Opladen.

Szydlik, M., 2004: *Generation und Ungleichheit*, Wiesbaden.

Zuhause alt werden – Zukunftsfähiges Konzept oder Mogelpackung zur Kostensenkung

Margrit Hugentobler

Kontext

Zuhause, in der eigenen Wohnung alt werden und dort, vom langjährigen Partner, der Partnerin und/oder den Kindern begleitet, friedlich sterben. Dies ist die wünschenswerte Vorstellung, die dem noch zu wenig differenzierten Konzept von «ageing in place» zugrunde liegt. Von wünschenswerten Vorstellungen im Zusammenhang mit Abschiednehmen und Tod zu sprechen, ist wohl ein Widerspruch in sich selbst. Vielmehr geht es darum, das uns allen gemeinsame Schicksal eines befristeten Lebens in der letzten Phase so liebevoll, schmerzfrei und so gut wie möglich zu gestalten.

Im Kreis der Familie Abschied nehmen zu können, ist allerdings ein Szenario, das für die Mehrheit hochaltriger Menschen in der Zukunft kaum mehr zutreffen wird, wenn auch für die Männer noch eher als für die Frauen. Die durchschnittliche Lebenserwartung der Männer in der Schweiz lag im Jahr 2010 bei 80.2 Jahren, die der Frauen bei 84.6 Jahren.[1] Da Frauen zudem meist einige Jahre jünger sind als ihre Lebenspartner, ist die Wahrscheinlichkeit für Männer, ihren letzten Lebensabschnitt in einer altersspezifischen Wohnsituation – also in einem Alters- oder Pflegeheim – zu verbringen, um einiges geringer als für Frauen. Die nachstehende Grafik zeigt, dass in der Schweiz von

Abb. 1:
Anteil Personen,
die in einem
Alters- und
Pflegeheim leben,
nach Geschlecht
und Alter[2]

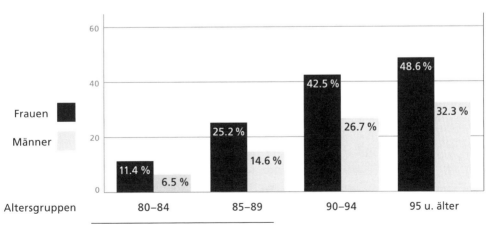

Frauen ■
Männer ░

Altersgruppen: 80–84 85–89 90–94 95 u. älter

11.4 % 6.5 % 25.2 % 14.6 % 42.5 % 26.7 % 48.6 % 32.3 %

---

1 Bundesamt für Statistik 2012
2 Bundesamt für Statistik: Statistik der sozialmedizinischen Einrichtungen 2008, ESPOP 2008 (Bevölkerung am Jahresende). Analysen: Obsan 2010.

den 90–94-jährigen Männern nur wenig mehr als ein Viertel in einer altersspezifischen Wohnsituation lebt, während es bei der gleichen Gruppe der hochaltrigen Frauen rund 42 Prozent sind. Bei den über 95-Jährigen lebt fast die Hälfte der Frauen in einem Alters- oder Pflegeheim, verglichen mit knapp einem Drittel der Männer (vergleiche Abbildung 1).

«Wo und wie wohne ich im hohen Alter, wer kümmert sich um mich in dieser Lebensphase, was geschieht, wenn ich plötzlich Hilfe und Unterstützung brauche, zunehmend eingeschränkt bin, in der Haushaltsführung und Mobilität, oder wenn sich Anzeichen einer Demenz ankündigen?» Diese Fragen müssen sich vor allem ältere Frauen mit einer zunehmenden Dringlichkeit stellen. «Wer unterstützt meine Mutter oder meinen Vater im hohen Alter (meist trifft dies auf die Mütter zu), wie kann ich sicherstellen, dass es ihnen gut geht, welche Ansprüche haben sie an mich, wieviel Zeit und Energie kann (und muss) ich aufwenden?» – diese Fragen beschäftigen die erwachsenen Kinder. Je nach Alter ihrer Eltern bei der Geburt, stehen sie selbst noch mitten im Familienleben, sind beruflich stark engagiert, finden sich an der Schwelle zur Pensionierung oder sind schon pensioniert.

Die Wohn- und Lebenssituation sowie die soziale und pflegerische Unterstützung sind primär Frauenthemen, weil es auch Frauen sind, die den Hauptteil der Hochaltrigen ausmachen. Damit verbundene Problemstellungen sollten bei der Diskussion gebührend Platz bekommen und ernst genommen werden. Oft haben sie in dieser Lebensphase keinen Partner mehr, und innerhalb der Familie sind es vor allem die Töchter, oft auch die Schwiegertöchter, die einen Grossteil der familiären Unterstützung übernehmen (Perrig-Chiello, Höpflinger, & Suter, 2008). Allerdings engagieren sich auch Männer – vor allem Partner, wenn sie noch leben, aber auch Söhne (stärker, wenn sie ledig sind) – häufiger als erwartet (Perrig-Chiello, Höpflinger, & Schnegg, 2010). Für ältere und hochaltrige Frauen und die vergleichsweise geringere Zahl von hochaltrigen Männern, die alleine leben und keine Kinder haben, stellt sich die Frage, wer sich in Zukunft um sie kümmern könnte, noch mit einer anderen Dringlichkeit und Qualität.

Aufgrund der demografischen Veränderungen der letzten Jahrzehnte – Zunahme der Erwerbstätigkeit und des Bildungsgrades von Frauen, gestiegene Ehescheidungsquote – ist die Zahl der Frauen, die schon im frühen Pensionsalter allein leben, stark gestiegen. So hat der Anteil der 65–74-jährigen Frauen, die in Einpersonenhaushalten leben, zwischen 1960 und 2000 von 21 auf über 45 Prozent zugenommen; bei den Männern ist der Wert in dieser Zeitperiode von 7 auf 15 Prozent gestiegen. Fast jede zweite Frau in dieser Lebensphase lebt also – zumindest offiziell – allein in einer Wohnung (Höpflinger, 2004). Dies heisst nicht, dass all diese Frauen zurückgezogen hausen. Viele von ihnen sind sozial sehr gut vernetzt und aktiv, leben auch in Partnerschaften und vielfältigen sozialen Bezügen, was die Statistiken der Wohnungsbelegung jedoch nicht erfassen. Die Hälfte dieser Frauen beurteilt das Alleinleben denn auch als positiv.

Mit der Veränderung der demografischen und sozialen Gegebenheiten der letzten Jahrzehnte – bessere Arbeitsbedingungen, bessere Gesundheit und damit verbundene höhere Lebenserwartung, veränderte Haushalts- und Wohnformen, relativ hohe Kaufkraft vieler SeniorInnen – haben sich auch Lebensstile und Ansprüche an die Lebensgestaltung im Alter verändert und ausdifferenziert. In der Werbung für Reisen, Versicherungen, Schönheits- und Gesundheitsprodukte und für Altersresidenzen strahlen uns unternehmungslustige, attraktive, scheinbar ewig «junge» verliebte ältere Paare entgegen. Obwohl diese Bilder stereotypische Vorstellungen vermitteln, verweisen sie auf ein aktives, befriedigendes Pensionsalter, was für viele der heutigen über 65-jährigen Menschen in der Schweiz durchaus zutreffen kann. Für uns sind Eltern oder Grosseltern jedoch sehr persönliche Bezugspersonen, mit all ihren spezifischen Eigenschaften und Lebenssituationen. Lily Pincus (2001) kritisiert die Mär vom Gleichwerden im Alter: «Alte Menschen sind ja nicht alle gleich, wahrscheinlich sind sie das sogar noch weniger als irgendeine andere Altersgruppe, denn ihr ganzes Leben hat sie zu Individualisten gemacht. Eines unserer augenblicklichen Probleme ist, dass die Gesellschaft sich weigert, dies zu verstehen und alle alten Leute als ‹gleich› betrachtet.» Diese Feststellung ist bedenkenswert.

Vor diesem Hintergrund versteht sich dieser Beitrag als Auslegeordnung der bedeutenden Aspekte, wenn «Zuhause alt werden» ein zukunftsfähiges Lebensmodell werden soll, befreit vom sympathisch scheinenden Deckmantel, hinter dem sich Bemühungen verstecken können, öffentliche Ausgaben in der Wohn- und Dienstleistungsversorgung im Alter zu reduzieren.

Zufälliges Fallbeispiel – persönliche Betroffenheit

Ein heisser Samstagnachmittag im Juni 2008 in der Wohnung meiner 88-jährigen Mutter. Der Koffer mit dem Nötigsten steht gepackt neben der Wohnungstüre. Meine Mutter sitzt leise weinend auf dem

Sofa: «Ich bleibe hier ... nein, ich gehe nicht ins Altersheim.» Einer der schwierigsten Momente meines Lebens. Dass sie umziehen würde, war mit ihr vereinbart, sie wollte nicht mehr allein leben. Sie hatte nicht mehr die Kraft, ihren geliebten Hund morgens und abends auszuführen; die 20 Treppenstufen zur Eingangstüre des Hauses wurden zuviel. Selbst zu kochen war aufwendig, die Qualität des Mahlzeitendienstes schlecht, die Spitex in der kleinen thurgauischen Stadt unzureichend organisiert: Rief man nach 17 Uhr an, erreichte man nur noch den Telefonbeantworter. In den letzten Monaten hatte sich meine Mutter zudem an einen 24-Stunden-Service zuhause gewöhnt. Die bulgarische Nichte einer Bekannten unserer Familie reiste ein und verbrachte drei Monate im Haushalt meiner Mutter. Slavka kochte, kaufte ein, führte den Hund aus, war fast ständig anwesend und bot damit Sicherheit und sozialen Kontakt. Meine Mutter und Slavka freundeten sich an. Der anständige Lohn, den wir bezahlten, war viel Geld für ihre Familie zuhause, die derweil den 8-jährigen Sohn von Slavka betreute. Dennoch war klar, dass diese Situation – Slavka verfügte nur über ein Touristenvisa – keine langfristige Lösung war. Als Slavka zurückkehren musste, liess sich ein Heimeintritt meiner Mutter nicht mehr abwenden. Wir Kinder, zwei Töchter und ein Sohn, mit Wohnorten in Zürich, Bern und in der Romandie, waren beruflich alle stark engagiert und konnten unserer Mutter im Alltag kaum beistehen. Eine liebe Cousine half mit, doch auch sie war berufstätig.

Meine Mutter starb 14 Monate später in einem kleinen privaten Pflegeheim, in dem sie sich jedoch nie wirklich heimisch fühlte. Sie sprach immer seltener von einer Rückkehr in die geliebte Wohnung, denn ein Sturz verstärkte ihre Einsicht, dass allein zuhause zu leben wohl keine Alternative mehr war. Nach einigen Monaten verliess sie ihr Zimmer kaum noch, ass zunehmend weniger, wurde schwächer und wollte möglichst bald sterben.

Ein Einzelbeispiel, eine Situation, wie sie sich in Variationen täglich auch anderswo abspielt, und bei der sich die Angehörigen fragen, ob es bessere Alternativen gegeben hätte. Das Ziel vieler älterer Menschen ist es, möglichst lange in der gewohnten Umgebung und im Tagesablauf zu bleiben, selbständig zu haushalten, Kontakte zu pflegen. Um dies zu erleichtern oder erst zu ermöglichen, ist ein Zusammenspiel verschiedener Optionen nötig, welche – auf dem Hintergrund gegenwärtiger Entwicklungstrends – Wohnen, Dienstleistungen und die Nutzung eigener Ressourcen beinhalten.

Entwicklungstrends

Die zukünftige 80+-Generation unterscheidet sich von der Mehrheit der heute hochaltrigen Menschen. Durch die höhere Lebenserwartung wird sie länger in den eigenen vier Wänden leben können. Schon heute ist das Durchschnittsalter in den Altersheimen gestiegen, und aus klassischen Altersheimen sind eher Pflegeheime geworden. Dort leben meist Menschen in einer späteren Lebensphase und mit einem grösseren Unterstützungs- und Pflegebedarf. Eine Studie des Schweizerischen Gesundheitsobservatoriums zeigt, dass mit der zunehmenden Hochaltrigkeit der Bevölkerung die Zahl der pflegebedürftigen Menschen stark zunehmen wird, die Art der Pflege sich jedoch verändert. Die Nachfrage nach Hilfe- und Pflegeleistungen zu Hause, etwa durch Spitex, wird ansteigen. Pflege in Heimen wird später und häufiger erst gegen das Lebensende beansprucht werden (Obsan, 2011).

Auch ist vorauszusehen, dass ältere und hochaltrige Menschen in Zukunft weniger Unterstützung durch Familienmitglieder erhalten werden, dies nicht aber deshalb, weil Kinder und andere Verwandte diese Unterstützung nicht leisten wollen. Der teils enorme Zeitaufwand, den Angehörige gemäss neueren Studien für hilfs- und pflegebedürftige Familienmitglieder aufbringen, ist eindrücklich (Perrig-Chiello et al., 2010). Bei den heute 50-jährigen Frauen ist jedoch der Anteil, der geschieden ist, nie verheiratet war und/oder keine Kinder hatte, viel grösser als noch bei ihren inzwischen 75- bis 90-jährigen Müttern. Diese Frauen werden in 30 Jahren auf viel weniger Angehörigenpflege zählen können. Im Weiteren trägt die Mobilität der letzten Jahrzehnte, die sich weiter verstärken wird, dazu bei, dass Kinder zu weit entfernt leben, als dass sie ihren Eltern im Alltag regelmässig Hilfe leisten können. Die in den letzten Jahrzehnten stark gestiegene Erwerbstätigkeit der jüngeren Frauen und Mütter, die neben dem eigenen (Familien-) Haushalt auch hilfsbedürftige Eltern unterstützen wollen und können, bedeutet eine enorme Herausforderung (vgl. dazu den Beitrag von P. Perrig-Chiello «Strapazierte familiale Generationensolidarität»).

Die Mehrheit der zur Babyboom-Nachkriegsgeneration gehörenden, gegenwärtig 55–65-Jährigen, welche als zahlenmässig wichtige Kohorte einen grossen Teil der Hochaltrigen in 30 Jahren repräsentieren wird, wird andere Ressourcen haben als die Generation ihrer Eltern. Sie sind vertraut mit den neuen Medien, welche Kontakte über grosse Distanzen möglich machen. Viele von ihnen sind sich auch gewohnt und eher bereit, Dienstleistungen einzukaufen. Diese Branche wird sich dadurch verändern: Private Dienstleister werden über die öffentliche Spitex hinaus weitere Angebote verfügbar machen, welche die Haushaltsführung, die Mobilität, aber auch soziale Kontakte erleichtern.

Bereits existierende Technologien und deren Weiterentwicklung werden die Möglichkeit, zuhause alt zu werden, erleichtern und unterstützen. Verfügbare Sicherheits- und Notrufsysteme werden mit zunehmendem Alter wichtig. «Wie kann ich jemanden erreichen, wenn ich stürze und das Telefon nicht mehr erreichbar ist, wenn ich mich plötzlich sehr unwohl fühle und nicht reagieren kann?» Die bekannte Armbanduhr, durch die auf Knopfdruck Kontakt mit einer Hilfsorganisation hergestellt wird, gibt vielen heute Hochbetagten ein subjektives Sicherheitsgefühl für schnelle Hilfe im Notfall. Diese relativ einfachen, jedoch wichtigen Massnahmen sind – vor dem Hintergrund der heutigen technischen Möglichkeiten – allerdings schon fast «primitiv».

Neue Wohnungen können mit Sicherheitssystemen, die in jedem Zimmer erreichbar sind, ausgerüstet werden. Elektronische Sonnenstoren, Türen und Fenster, die sich leicht öffnen lassen, wenn die eigene Kraft abnimmt, sind verfügbar. Andere Systeme lösen einen Alarm aus, wenn beispielsweise vergessen wird, die Herdplatte auszuschalten oder sich in einer Wohnung über längere Zeit niemand bewegt. Offene Fenster schliessen sich bei einem Gewitter automatisch. Die technologischen Möglichkeiten sind enorm, wie das vor einiger Zeit beschriebene Beispiel in der New York Times zeigt. Der Sohn lebt in New York, die über 80-jährige Mutter viele Hundert Kilometer entfernt im südlichen Texas. Wenn der Sohn bei der Ankunft im Büro am Morgen seinen Computer startet, kann er sich in die Videoüberwachungskameras in der Wohnung seiner Mutter einloggen. Er kann ihr so einen guten Morgen wünschen – oder nötigenfalls Hilfe herbeirufen. Sollte seine Mutter vergessen, ihre in einer ebenfalls verkabelten Box hinterlegten Medikamente einzunehmen, erscheint auf seinem Computer eine Warnung.

«Brave new world» oder «Big brother is watching you»? Ist das eine erstrebenswerte Zukunft? Für den Sohn ist es eine Beruhigung, vielleicht auch eine Besänftigung des «schlechten» Gewissens, weil er nicht in der Nähe seiner Mutter wohnt. Für die Mutter entsteht ein Gefühl der Sicherheit, dass ihr Sohn weiss, wenn etwas passiert, mit dabei eventuell aber auch ein Unbehagen, jederzeit überwacht werden zu können. Es stellt sich auch die Frage, was ist, wenn kaum andere soziale Kontakte bestehen und die Kamera einer der wenigen Kontakte mit der Aussenwelt ist?

Nicht zu vergessen: Diese Zukunft von Dienstleistungen, vom elektronischen Einkaufen bis zur bestellbaren Begleitung in die Oper, von Wohnungen, die über hilfreiche technische Möglichkeiten verfügen, all dies ist nicht gratis zu haben. Auch wenn ein grosser Teil der heute in der frühen Pensionierungsphase stehenden Menschen in der Schweiz finanziell gut abgesichert ist, existiert gleichzeitig eine nicht geringe Gruppe von Menschen – und oft sind es auch hier Frauen – die sich nicht auf einem finanziellen Polster ausruhen können und mit AHV und allenfalls Ergänzungsleistungen sehr bescheiden zurechtkommen müssen.

Bedeutung des Wohnens im Alter

Wohnen im Alter bedeutet immer auch eine Fortsetzung der bisherigen Lebensgeschichte, welche die Eigenschaften der Person und ihren sozio-kulturellen Kontext widerspiegelt. Dazu gehören viele Komponenten: Familienhintergrund, Einkommen, Beruf, soziale Kontakte und natürlich die individuellen Präferenzen und Wünsche zur Lebens- und Alltagsgestaltung. Während sich die Grundbedürfnisse, die dem Altern in Würde, Geborgenheit und Sicherheit zugrunde liegen, kaum unterscheiden, sind die Lebenssituationen älterer und hochaltriger Menschen individuell sehr vielfältig und von der unterschiedlichen Verfügbarkeit finanzieller, gesundheitlicher und sozialer Ressourcen geprägt.

Mit zunehmendem Alter gewinnt das Wohnen an Bedeutung. Die eigenen vier Wände sind Heimat, sind Ort der Vertrautheit, der Erinnerungen, der Sicherheit und der Privatsphäre. Die oft langjährige Wohnung und das vertraute soziale und räumliche Umfeld erlauben eine möglichst grosse Autonomie der Alltagsgestaltung. Man kennt Nachbarinnen und Nachbarn, hat seine Lieblingsaufenthaltsorte im Quartier, weiss, wo was eingekauft werden kann und kann sich orientieren. Auch dies trägt zum Gefühl der Sicherheit und des Wohlbefindens bei. Mit zunehmendem Alter, oft begleitet von physischen Problemen, welche den Bewegungsradius und die Mobilität einschränken, wird die Wohnung vermehrt zum Lebenszentrum. Die Bewegungen nach aussen, welche das Leben in früheren Phasen kennzeichnen, wie Kontakte am Arbeitsplatz, Reisen, externe Aktivitäten und vieles mehr, werden ersetzt durch Bewegungen nach innen. Man verbringt mehr Zeit zu Hause, soziale Kontakte finden häufiger in der eigenen Wohnung statt. Die grundlegenden Bedürfnisse nach Wohlbefinden, Sicherheit und grösstmöglicher Autonomie, welche die Wohnsituation im hohen Alter beeinflussen, sind in praktisch allen Gesellschaftsgruppen identisch. Allerdings sind – vor dem Hintergrund der gesellschaftlichen Ausdifferenzierung – die Ansprüche ans Wohnen gestiegen und vielfältiger geworden. In den letzten zwei Jahrzehnten sind, zuerst eher zögerlich, neue Wohnoptionen für ältere Menschen entstanden, deren Vielfalt und Anzahl gegenwärtig zunimmt. Sie widerspiegeln das wachsende Interesse in der Generation 50+, also der jüngeren Älteren an neuen Formen gemeinschaftlichen Wohnens. So sind einerseits selbst initiierte Hausgemeinschaften unterschiedlicher Ausprägungen entstanden und im Entstehen. Andererseits versucht eine zunehmende Anzahl von grösseren, institutionellen Investoren – angeführt von gemeinnützigen Wohnbauträgern wie Wohnbaugenossenschaften oder Gemeinden –, bei Neu- oder Ersatzneubauten verschiedenartige intergenerative Wohnkonzepte umzusetzen respektive den Wohnbedürfnissen älterer Menschen gezielt Rechnung zu tragen. Eine Auswahl der Vielfalt von Wohnmodellen für die zweite Lebenshälfte wurde im Rahmen einer Studie des ETH Wohnforums untersucht, die, zusätzlich zur Beschreibung verschiedener Optionen, auch die Einschätzung der Bewohnerinnen und Bewohner mit einbezog (Huber, Hugentobler, & Walthert-Galli, 2008). Vgl. dazu auch die Beiträge von V. Steiner und J. Altwegg in diesem Buch.

Die Zielsetzungen einzelner Wohnprojekte können ziemlich unterschiedlich sein. Es gibt Konzepte, die auf mehr oder weniger intensive Nachbarschaft ausgerichtet sind oder ganz gezielt die gegenseitige Hilfe fördern wollen. Meist aber sollen die BewohnerInnen möglichst lange in ihren Wohnungen bleiben können und Austausch mit anderen Generationen haben. Eine wichtige Voraussetzung dafür ist die Umsetzung von inzwischen gesetzlich vorgeschriebenen Standards des hindernisfreien und altersgerechten Bauens. Wichtig ist auch ein gut gelegener Standort, der möglichst viele Alltags- und Freizeitbedürfnisse in nächster Nähe abdeckt. Allerdings ist anzufügen, dass heute erst 1–2 Prozent aller Menschen im Pensionsalter in der Schweiz in solchen neueren Wohnformen leben.

Wohnen im Alter ist die eine Frage – die Verfügbarkeit von altersgerechtem Wohnraum eine andere, sehr wichtige. Neubauten und Ersatzneubauten sind meist mehr oder weniger hindernisfrei und damit auch grösstenteils altersgerecht. Wo solche Eigentums- oder Mietwohnungen in urbanen Gebieten entstehen, werden sie oft zu attraktiven Optionen für älter werdende Einfamilienhausbesitzer, die erkannt haben, dass ihre gegenwärtige Situation (oft auch «im Grünen») keine gute Perspektive beinhaltet. Allerdings wird in der Schweiz jährlich nur zwischen 1 und 2 Prozent des Wohnungsbestandes ersetzt. Die grosse Herausforderung liegt in der Renovation des Bestands, in dem es aus baustrukturellen Gründen oft unmöglich oder viel zu teuer ist, einen hindernisfreien Zugang zu Wohnungen zu ermöglichen. Dies gilt vor allem für kleinere Wohnobjekte. Wo allerdings grössere Wohnsiedlungen mit mehreren Häusern saniert werden sollen, wäre es oft möglich und nötig, zumindest einen Teil der Bauten mit einem Lift zu versehen und weitere Barrieren abzubauen. So könnten ältere Menschen zumindest, wenn nicht in der geliebten Wohnung, so doch in der gewohnten unmittelbaren Nachbarschaft bleiben.

Ageing in Place – Voraussetzungen für eine zukunftsfähige Alterspolitik

Zuhause alt werden – ageing in place – dieses attraktive Konzept wird zunehmend Eingang in Leitbilder zur Alterspolitik finden, auch auf Gemeindeebene. Anstatt sich vorwiegend auf die Bettenplanung und den allfällig nötigen Neu- oder Umbau von Pflegeheimen zu konzentrieren, den die demografische Entwicklung in den nächsten 30 bis 40 Jahren nahelegt, setzt ein Umdenken ein, das den längstmöglichen Verbleib in der gewohnten Umgebung zum Ziel hat.

Zuhause alt werden – bis zum Lebensende, den Alltag so selbstständig wie möglich in der eigenen Wohnung gestalten zu können, Zugang zu allfällig benötigten Hilfeleistungen aller Art zu haben, sozial vernetzt zu sein: Von dieser Zielsetzung braucht niemand überzeugt zu werden, weder die Politik, die Planerinnen und Planer noch die Bevölkerung. Sie ist aus sozial-psychologischer Sicht, aus einer gesellschaftlich soziologischen und schliesslich aus einer individuell ökonomischen und volkswirtschaftlichen Perspektive anzustreben. Sie fördert nicht nur Autonomie und Selbstbestimmung, sie wirkt auch der sozialen Segregation entgegen, spart volkswirtschaftliche Kosten im Gesundheitswesen und reduziert potenziell den Bedarf an Ergänzungsleistungen für finanziell schlechter gestellte ältere Menschen. Alters- und Pflegeheime sind teuer, und ambulante Dienstleistungen sind günstiger als stationäre Pflege.

Eine tragfähige «ageing in place» Politik setzt jedoch Massnahmen in drei Zielbereichen voraus, welche in Kombination zu betrachten sind (vgl. Abbildung 2):

Wohnsituation

Zuhause
alt werden

Dienstleistungen   Ressourcen Betagter

*Abb. 2:
Zielbereiche:
Zuhause alt werden*

Ambulante Dienstleistungen: Dieser Zielbereich umfasst eine breite Angebotspalette an Hol- und Bringdienstleistungen. Holdienstleistungen sind Angebote, für welche ältere Menschen ihre Wohnung verlassen, beispielsweise Bewegungstraining, Mittagstische, Beratungsleistungen, oder soziale und kulturelle Anlässe. Bringdienstleistungen erfolgen am Wohnort, allen voran gesundheitliche Betreuung durch Spitex, Fahrdienstangebote, Besuche durch freiwillige Helferinnen und anderes mehr. Eine Gesamtstrategie sollte auf die Vernetzung bestehender Angebote und auf eine Analyse allfälliger Lücken im Angebotssystem ausgerichtet werden. Hier ist zu erwähnen, dass die eingangs aufgeführten, eher traditionellen Angebote in Zukunft durch weitere «Services» ergänzt werden können, vor allem durch private Dienstleister. Dies betrifft beispielsweise die Begleitung auf Reisen und an kulturelle Anlässe, Concierge-Dienstleistungen in Siedlungen oder Beratung bei der Wohnplanung und in Finanzangelegenheiten. Aktuell und sinnvoll sind auch Beratungen zur Sicherheit in Wohnungen und im unmittelbaren Wohnumfeld älterer Menschen, beispielsweise bei Sturzgefahr. Hinzu kommen erweiterte Spitex-Dienstleistungen, welche mögliche gesundheitliche Entwicklungen und Risiken im Voraus erkennen und entsprechende Massnahmen vorschlagen können (Imhof, Naef, & Mahrer, 2011). Doch auch hier stellt sich die zentrale Frage, wie diese Dienstleistungen finanziert werden sollen.

Wohnangebot: Eine umfassende Palette an ambulanten Dienstleistungen nützt wenig, wenn der Verbleib in der eigenen Wohnung aufgrund stetig zunehmender oder unfallbedingter plötzlicher Mobilitätseinschränkungen nicht mehr möglich ist. Oft sind es bauliche Hindernisse wie Treppen oder Schwellen, welche ausschlaggebend sind für einen unvorhergesehenen und ungewollten Eintritt in ein Alters-/Pflegeheim. Auf kommunaler Ebene bedingt dies die Förderung eines zunehmend vielfältigen hindernisfreien Wohnangebots. Andererseits sind Optionen für temporäre Rehabilitationsphasen nach Spitalaufenthalten oder für Ferienaufenthalte in stationären Einrichtungen zu fördern, damit eine Rückkehr in die gewohnte Wohnumgebung doch noch möglich wird oder um betreuende Angehörige zeitweise zu entlasten.

Nutzung eigener Ressourcen der Betagten: Ein grosser Teil der zukünftig hochaltrigen Menschen will sich keinen Lebensabend im Altersheim vorstellen, sondern sich die grösstmögliche Selbständigkeit erhalten. Neben einer dafür geeigneten Wohnsituation und dem Zugang zu einer breiten Dienstleistungspalette ist die soziale Vernetzung von grosser Bedeutung. Nachbarschaftsnetzwerke, Freiwilligenarbeit und Gemeinwesenarbeit können hier einen wichtigen Beitrag leisten. Dazu gehört auch das zentrale Thema der Unterstützung durch Angehörige, deren grosser und gesellschaftlich unverzichtbarer Einsatz ja letzten Endes durch die Betagten selbst «mobilisiert» wird. Ob und wie stark sich Familienmitglieder engagieren, entscheiden sie hingegen selbst und nicht die Politik. Allerdings ist die Entlastung von Angehörigen – sollen sie in ihrem Engagement ermutigt und in ihren Möglichkeiten unterstützt werden – ein zentrales zukünftiges Thema. Entlastungsangebote sind gefragt, von der öffentlichen Hand finanzierte Unterstützungs- und Beratungsangebote scheinen einem grossen Bedürfnis zu entsprechen. Für Arbeitgeber stellt sich die Frage, wie sie Erwerbstätige allenfalls in der Ausführung dieser familiären Verpflichtungen unterstützen können, und für die Sozialpolitik, ob intensive Unterstützungseinsätze für Familienmitglieder, vergleichbar mit einem Mutterschaftsurlaub, in Form von Zeitgutschriften kompensiert werden können.

Eine erfolgreiche «ageing in place» Alterspolitik lässt sich im städtischen Kontext und in urbanen Agglomerationen leichter umsetzen als im ländlichen Raum mit den vielfach erst spärlichen Dienstleistungsangeboten und beschränkt vorhandenen, hindernisfreien Wohnmöglichkeiten. Zukunftsgerichtete Alterspolitikkonzepte betonen die Bedeutung der Stadt: des Raums der kurzen Wege, der planerisch-strukturellen Möglichkeiten, die den Zugang zu Infrastrukturen verbessern und von dem alle Altersgruppen profitieren.

Zuhause alt werden – Mogelpackung zur Kostensenkung? Gewiss nicht, da dies ja alles so vielversprechend tönt. Ja, aber … die Umsetzung von Massnahmen in den erwähnten Zielbereichen ist zentral. Das Angebot an hindernisfreiem, altersgerechtem Wohnraum ist ungenügend, vor allem für ältere Menschen mit geringem Einkommen. Günstige Wohnungen sind meist nicht altersgerechte Wohnungen. Der Zugang zu Dienstleistungen bedingt Informationen darüber, was vorhanden ist, wie man dazu kommt, und wie viel es kostet. Zuhause alt werden – kann auch das Bild von vereinsamten, hilfsbedürftigen alten Menschen in ihren Wohnungen hervorrufen, ohne soziale Netzwerke, im Alltag überfordert, gesundheitlich vernachlässigt, schlecht ernährt. Der Spardruck und der damit verbundene Abbau der öffentlichen Dienstleistungen für ältere Menschen hat in einigen europäischen Ländern und in den USA dazu geführt, das solche Szenarien nicht wie in der Schweiz eher Einzelfälle, sondern grössere einkommens- und bildungsschwache ältere Bevölkerungsgruppen betreffen. Die Umsetzung des vielversprechenden «ageing in place»-Konzepts verlangt nach Interventionen auf verschiedenen Ebenen.

Literatur

Höpflinger, F., 2004: *Age Report 2004: Traditionelles und neues Wohnen im Alter*, Zürich.

Huber, A./Hugentobler, M./Walthert-Galli, R, (2008): *Neue Wohnmodelle in der Praxis.* In: Neues Wohnen in der zweiten Lebenshälfte, hrsg. v. A. Huber, Basel, S. 77–172.

Imhof, L./Naef, R./Mahrer, R., 2011: SpitexPlus: Assessment und fortgeschrittene Pflegeinterventionen für zuhause lebende alte Menschen und ihre Familien. In: *Pflege, 24*/1, S. 43–56.

Perrig-Chiello, P./Höpflinger, F./Schnegg, B., 2010: *SwissAgeCare-2010*, Bern.

Perrig-Chiello, P./Höpflinger, F./Suter, C., 2008: *Generationenstrukturen und Beziehungen*, Zürich.

Pincus, L., 2001: *Das hohe Alter. Lebendig bleiben bis zuletzt,* München.

Schweizerisches Gesundheitsobservatorium (Obsan), 2011: *Zukunft der Pflege im Alter* (0350-1104-40), Neuchâtel.

Das moderne Stöckli – neues Generationenwohnen
Leben & Altwerden – einsam oder gemeinsam

Verena Steiner

Einführung

Welcher Leser, welche Leserin wird auch in 20 Jahren noch am selben Ort wohnen wie heute, im gleichen Haus, in der gleichen Wohnung, mit denselben Menschen, in derselben Nachbarschaft? Bis in 20 Jahren, im Jahr 2030, wird knapp ein Viertel der Schweizer Bevölkerung über 65 Jahre alt sein, davon fast 700'000 Personen 80-jährig oder älter. Wie diese Menschen in ihrer zweiten Lebenshälfte leben werden, ob allein oder eingebunden in ein soziales Netz, in welcher gesundheitlicher Verfassung sie sich befinden, ist von zentraler Bedeutung für die Lösung der Probleme einer alternden Gesellschaft.

Einsam oder gemeinsam? Wieviel Einsamkeit ist zuträglich, wieviel Gemeinsamkeit erwünscht? Viele Wohnformen, die in neuerer Zeit entstanden sind, pendeln zwischen diesen beiden Polen – zwischen Individualität und Gemeinschaft.

Das Bundesamt für Wohnungswesen (BWO) ist *die* für den Vollzug der Wohnungspolitik des Bundes zuständige Fachbehörde. Das Amt gehört zum Volkswirtschaftsdepartement und beschäftigt rund 50 Mitarbeiterinnen und Mitarbeiter. Seine Aufgaben richten sich nach verfassungsrechtlichen und gesetzlichen Grundlagen. Im Zentrum stehen die Wohnbauförderung, das Mietrecht und die Wohnforschung.

Gemäss den Sozialzielen der **Bundesverfassung** setzen sich Bund und Kantone dafür ein, dass Wohnungssuchende für sich und ihre Familie eine angemessene Wohnung zu tragbaren Bedingungen finden können. Dieses Anliegen wird konkretisiert im Artikel 108 BV zur Wohnbau- und Eigentumsförderung, in dem die Betagten explizit als Zielgruppe genannt werden. Der Bund kennt aber keine Wohnungspolitik, die sich speziell an den Bedürfnissen älterer Menschen orientiert. Betagte und Invalide in bescheidenen Verhältnissen geniessen in der Gesetzgebung jedoch gewisse Privilegien.

Die zur Zeit geltenden zwei Gesetze der nationalen Wohnbauförderung sind das Wohnbau- und Eigentumsförderungsgesetz **WEG** (1974–2001), und das jüngere Wohnraumförderungsgesetz **WFG** (seit 2003). Beide Gesetze sehen rückzahlbare, zinsgünstige Darlehen vor. Das WEG gewährte darüber hinaus noch eine Zusatzverbilligung in Form von à fonds perdu-Beiträgen (dies sind Beiträge, auf deren Rückzahlung von vornherein verzichtet wird) für bestimmte Zielgruppen, u.a. für Betagte in bescheidenen Verhältnissen.

Das WEG spiegelt die gesellschaftlichen Verhältnisse der 60er und frühen 70er Jahre wider, als die Rollenverteilung in der Familie noch klar geregelt war. Bis zur Einführung der AHV 1948 kümmerten sich Familienangehörige, gemeinnützige Organisationen und die Kirche um Betagte. Das Problem der Wohnungsversorgung alter Menschen beschränkte sich damals vorwiegend auf die städtische Bevölkerung. Die Betagten im ländlichen Raum, insbesondere in der Landwirtschaft, lebten noch vorwiegend im Familienverband auf den Betrieben. Die dominierenden Themen in der Altersfrage waren damals die Gesundheit der Betagten und ihre finanziellen Verhältnisse. Der Bund hat im Rahmen der Wohnbau- und Eigentumsförderung nach WEG wesentlich dazu beigetragen, dass sich der Bestand an altersgerechten Wohnungen erhöht hat. Rund ein Viertel der zwischen 1975–2001 mit WEG geförderten Mietwohnungen werden heute von älteren Menschen mit bescheidenen Einkommen bewohnt.

Wohnformen im Alter

Generell ist der Umgang mit dem Alter und die Gruppe älterer Menschen gegenüber früher viel differenzierter geworden: Die Auseinandersetzung mit dem Alter setzt nicht mehr mit der Pensionierung oder dem Bezug der AHV ein, sondern beginnt schon früher, mit 50, 55 Jahren. Zu diesem Zeitpunkt beschäftigen sich viele Menschen mehr oder weniger ernsthaft mit den anstehenden Veränderungen ihres nächsten Lebensabschnittes. Die Kinder sind aus dem Haus, Berufstätige überlegen sich den Zeitpunkt ihrer Pensionierung oder wagen gar noch eine berufliche Neuorientierung.

Mit der höheren Lebenserwartung verlängert sich auch der Lebensabschnitt zwischen Pensionierung und dem Zeitpunkt erhöhter Fragilität, wo Krankheit und Gebrechlichkeit auftreten. So wird heute die zweite Lebenshälfte (50+) in mehrere Phasen unterteilt. Für den Wohnbereich sind vor allem zwei Phasen wichtig: das gesunde Alter von Betagten (bis ca. 80-jährig) und das hohe Alter, für Personen ab etwa 80 Jahren. Die Betagten des 21. Jahrhunderts bleiben auch länger aktiv. Sie haben Bedürfnisse, die sich deutlich von denjenigen früherer Generationen unterscheiden. Die vielfältigen Lebensstile in jungen Jahren wirken sich auch auf das Lebensgefühl im Alter aus. Kommt hinzu, dass der Alterungsprozess von Mensch zu Mensch sehr unterschiedlich ist. Es variieren nicht nur die Bedürfnisse und Wünsche, sondern auch die Möglichkeiten diese zu verwirklichen. Zentrale Grössen sind die Gesundheit, der Grad der Hilfsbedürftigkeit, die finanziellen Mittel sowie die soziale Einbindung in Familie und Freundeskreis, denn immer mehr ältere Menschen sind ohne eigene direkte Nachkommen. Als neueres Phänomen prägt auch der Zugang zu den Informations-Technologien IT immer stärker diese Lebensstile (Zimmerli, 2011).[1]

Leben im eigenen Haushalt

Früher wie heute wollen Betagte ihre Unabhängigkeit in der eigenen Wohnung möglichst lange behalten. Das Leben im eigenen Haushalt, in der angestammten Wohnung oder nach dem Umzug in eine Alterswohnung, ist immer noch die häufigste Lebensform für jüngere Rentner und Rentnerinnen. Bis etwa im Alter von 80 Jahren ist es auch der Normalfall. Erst wenn Gebrechlichkeit und Behinderung zunehmen, müssen andere Lösungen gefunden werden. Körperliche Einschränkungen und Krankheiten ziehen meist Veränderungen nach sich, die den Alltag in der herkömmlichen Wohnung erschweren oder gar verunmöglichen. Obwohl Alter allein kein taugliches Kriterium ist für eine Wohnform, so stellt dieses doch gewisse Anforderungen an die Wohnung, die in jüngeren Jahren weniger wichtig sind.

Anforderungen an die altersgerechte Wohnung

- Hohe Wohnqualität gewährleistet Wohlbefinden
- Hindernisfreie Gestaltung: Keine Stufen, ausreichende Durchgangsbreiten, genügend Bewegungsfläche
- Wohnstandort mit guter Erreichbarkeit von ÖV und Versorgungseinrichtungen
- Erreichbar sein – für Angehörige, Freunde, Hilfsdienste etc.
- Finanzielle Tragbarkeit: Miete und Nebenkosten
- Wohnsicherheit mit ausreichendem Kündigungsschutz

---

[1] Ziel dieser Studie war es aufzuzeigen, wie sich eine öffentliche Verwaltung mit dem Zeithorizont 2030 auf die zu erwartende demografische Veränderung vorbereiten kann. Als methodisches Vorgehen wurden dabei künftige Lebensstile im Alter modelliert. Sie orientieren sich am sozialen Status (Beruf, Bildung, Einkommen und Vermögen) wie auch am Lebensgefühl der 2. Lebenshälfte. Die Lebensstile dienten als Denkanstösse, um verschiedene Szenarien und Bedürfnisse älterer Menschen zu diskutieren.

Die hindernisfreie Gestaltung ist dabei ein wichtiger Aspekt – aber nur einer von vielen. Mit zunehmendem Alter, wenn gewisse Aktivitäten wegfallen, wenn die Mobilität eingeschränkt ist, verbringen wir mehr Zeit in der Wohnung. Die Wohnung selber wird wichtiger, auch das Wohnumfeld, der Wohnstandort, die Erreichbarkeit von verschiedenen Versorgungseinrichtungen sowie das eigene Erreichbarsein für Angehörige, Freunde oder die diversen Dienstleistungen, die man in Anspruch nehmen will oder muss. Nicht zu vergessen sind die finanzielle Tragbarkeit einer Wohnung und die Wohnsicherheit bzw. der Kündigungsschutz. Die Kündigung der Wohnung bedeutet für viele ältere Menschen die Aufgabe des eigenen Haushaltes und den Übertritt in eine stationäre Einrichtung, ein Alters- oder Pflegeheim.

Mehrgenerationenwohnen – wie früher?

Heute stellt das Zusammenleben von mehreren Generationen unter einem Dach eher die Ausnahme dar. Der Anteil der Betagten, die bei ihren Kindern oder Verwandten leben, geht seit etwa 1970 kontinuierlich zurück – von damals etwa 20% auf noch 3% im Jahr 2000. Dies ist auf den ersten Blick auf zwei Gründe zurückzuführen: Einerseits brachten Individualismus und Wohlstand eine Aufweichung familiärer und verwandtschaftlicher Bande mit sich. Andererseits waren die Neubauwohnungen der 50-er und 60-er Jahre so klein konzipiert, dass sie keinen Platz mehr boten für die Aufnahme der Eltern oder eines Elternteiles. In neuerer Zeit kommt die wachsende Arbeits- und Wohnmobilität der Bevölkerung hinzu. Junge Menschen verlassen heute ihre Heimat im Wissen, dass man schon am nächsten Tag zu Hause anrufen, mailen oder skypen kann, und dass man die Angehörigen in wenigen Monaten wieder besuchen kann. Soziale und familiäre Beziehungen müssen somit über Regionen, Landesteile, Länder oder gar Kontinente hinweg gepflegt werden. Diese Art der Beziehungspflege wird zwar facettenreicher, aber auch anspruchsvoller, wobei die neuen Informations- und Kommunikationstechnologien eine entscheidende Rolle spielen.[2]

Wenn nicht mit, so leben in der Schweiz doch viele Seniorinnen und Senioren in der Nähe ihrer Angehörigen. Die zeitliche Entfernung zwischen Eltern und dem am nächsten wohnenden erwachsenen Kind

---

[2] Moderne Kommunikationsmittel erleichtern nicht nur den Alltag und die Pflege sozialer Kontakte, sondern die IT-Technologie übernimmt zunehmend auch Assistenzdienste und Versorgungsaufgaben (intelligente Assistenzsysteme).

beträgt in der Schweiz durchschnittlich eine halbe Stunde. In dieser Entfernung können noch enge Beziehungen gepflegt werden und die gegenseitige Unterstützung zwischen den Generationen ist trotzdem möglich. Es sind dies vor allem praktische Hilfen im Haushalt, im Garten, bei Transporten, in der Kinderbetreuung, aber auch emotionaler Rückhalt bis hin zur Übernahme von Pflegeleistungen (Stutz, 2010).

Die Familie ist immer noch die wichtigste Institution bei der Übernahme von Pflegeaufgaben im Alter. Laut Gesundheitsbefragung (BfS, 2009) erfolgt die Hilfe bis etwa Mitte 70 hauptsächlich durch das informelle Netz von Familie, Nachbarschaft und Freundeskreis. Auch für Hochbetagte dominiert diese informelle Hilfe, selbst wenn die ambulante, professionelle Unterstützung wie Spitex, Malzeitendienst oder Haushalthilfe an Bedeutung gewinnt. Von den im engeren Sinn Pflegebedürftigen lebt etwa ein Drittel zu Hause und wird von Angehörigen unterstützt. Rund 150'000 Personen im Alter ab 50 Jahren pflegen ein erwachsenes Familienmitglied innerhalb oder ausserhalb des eigenen Haushalts (Stutz, 2010).

Das legendäre Stöckli ist ein kleines, eigenständiges Wohngebäude für die Eltern, in unmittelbarer Nähe zum Haupthaus eines Hofes. Diese Wohnform beschränkte sich aber vorwiegend auf das Bernbiet und auch dort auf den vermögenden Teil der Bauernschaft. Verbreiteter war in der 1. Hälfte des letzten Jahrhunderts hingegen das Zusammenleben der Generationen im Mehrgenerationen-Haushalt oder im Altenteil. Der Altenteil ist eine separate Einliegerwohnung im selben Gebäude mit der Nachfolge-Generation. Diese Lösung weist gegenüber der Wohn- und Tischgemeinschaft im selben Haushalt gewisse soziale Vorteile auf. Sie erlaubt mehr Privatsphäre und mehr Unabhängigkeit für beide Seiten.

In der von der Age Stiftung herausgegebenen Publikation «Weiterbauen – Wohneigentum im Alter neu nutzen» (Age Stiftung & Beyeler, 2010) wird der Ansatz des Stöckli bzw. des Altenteils im Eigentumsbereich aufgenommen und neu interpretiert. Das Buch diskutiert individuelle Wohnszenarien sowie bauliche und räumliche Massnahmen, um das Generationen-übergreifende Wohnen im eigenen Haus oder in der Eigentumswohnung zu verwirklichen. Es präsentiert Beispiele von Um-, An- und Aufbauten bestehender Liegenschaften, oder Erweiterungen auf dem vorhandenen Grundstück, damit zwei und mehr Generationen in unmittelbarer Nähe zusammenleben können. Wie auch immer der hinzu gewonnene Wohnraum genutzt wird, leben Eltern, Grosseltern, Kinder, Verwandte oder Fremdmieter in unmittelbarer Nachbarschaft.

Auch als Mieter oder Mieterin kann man ein Zuhause für das Leben finden, z.B. in einer Wohnbaugenossenschaft. Diese fördert nicht nur die Mitwirkung und Eigenverantwortung ihrer Mitglieder, sondern auch das nachbarschaftliche Zusammenleben. Nachbarschaft, das heisst Zusammenleben, mal miteinander, zuweilen auch nebeneinander. Es heisst mit den Menschen der näheren Umgebung ein gutes Leben zu gestalten, Kontakte zu pflegen, gegenseitig Hilfe zu leisten. Die gemeinnützigen Wohnbauträger der Schweiz richten ihr Handeln nach den Leitsätzen einer **Charta** (Schweizerischer Verband für Wohnungswesen SVW, 2012; Wohnen Schweiz, 2012) aus, in der ihre Ziele festgeschrieben sind (Auszug):

Pkt. 1: **Die gemeinnützigen Wohnbauträger erstellen, erhalten und erwerben vorzugsweise preisgünstigen Wohnraum.** Dieser bleibt der Spekulation entzogen. Dank Kostenmiete und Verzicht auf Gewinnstreben leisten sie einen dauernden Beitrag zur Versorgung der Bevölkerung mit preisgünstigem Wohnraum.
Pkt. 2: **Die gemeinnützigen Wohnbauträger bieten Wohnraum für alle Bevölkerungskreise an**. Dabei streben sie soweit möglich eine Durchmischung an, die unterschiedliche Lebensstile zulässt und Schwache nicht ausgrenzt, sondern integriert. Sie berücksichtigen insbesondere Familien, Behinderte und Betagte und sind bestrebt, Wohnungen mit günstigen Mieten Haushalten mit geringen Einkommen zur Verfügung zu stellen.
Pkt. 5: **Die Genossenschaften entwickeln ihre Ideale weiter**. Sie fördern und begleiten die Mitglieder in der Selbsthilfe, Selbstverantwortung und im nachbarschaftlichen Zusammenleben. Sie berücksichtigen die Bedürfnisse der heutigen und der künftigen Bewohnerschaft und setzen sich gegen aussen für eine gesunde Wohn- und Lebensqualität ein. Die Ideale der Genossenschaften und deren soziale Haltung kommen auch bei der Wahl der Geschäftspartner und bei Arbeitsvergebungen zum Ausdruck.

Genossenschaften bieten zudem eine ähnlich hohe Wohnsicherheit wie Wohneigentum, weil Mieter und Mieterinnen zugleich Genossenschafter und damit gewissermassen Eigentümer ihrer Wohnungen sind. Da die Mietverträge nur in Ausnahmefällen gekündigt werden können, führt dies zu sehr stabilen Wohnverhältnissen. Über Jahre und Jahrzehnte können soziale Netze aufgebaut werden, die für das eigenständige Leben im fortgeschrittenen Alter von grosser Bedeutung sind.

Die folgenden drei Beispiele aus der BWO-Wohnforschung orientieren sich alle am Genossenschaftsgedanken:
– Ein Beispiel, das unter dem Begriff Prävention einzuordnen wäre,
– eines, das neue Wege geht und
– eines, das auf Eigeninitiative hin entstanden ist.

Beispiel 1: **Wohn.*plus***
Wohn.plus ist ein Projekt zur Gemeinschaftsförderung in den Wohnbaugenossenschaften des SVW: Um das Zusammenleben, die Nachbarschaftshilfe sowie die demokratische Willensbildung in den Wohnbaugenossenschaften wieder mit neuem Leben zu füllen, haben einige Aktive des SVW das Projekt «wohn.*plus*» initiiert. Wohn.*plus,* bedeutet wohnen und noch etwas dazu, wohnen und etwas mehr. Das BWO hat während der gesamten Laufzeit von 2002–2008 die kritische Begleitung des Projektes in Form einer Evaluation durch Dritte unterstützt.
Das Projekt startete mit Öffentlichkeitsarbeit, Befragungen bei den Genossenschaftern und Beratungen der Gremien in den Genossenschaften – bei Siedlungskommissionen, Geschäftsstellen und Funktionsträgern. Später kamen noch Kurse und Workshops dazu. Die Resultate dieser Aktivitäten wurden zu einer Serie von Merkblättern mit verschiedenen Themen verarbeitet: Nachbarschaft, die Rolle der Hauswarte, Integration von Neuzuzügern, Vandalismus oder der Kontakt zu älteren Menschen in den Siedlungen. Sämtliche Merkblätter sind auf der Homepage des SVW verfügbar.[3]

Beispiel 2: **Hausgemeinschaft 55+**
Die Hausgemeinschaft 55+ in der Siedlung Ruggächern der Allgemeinen Baugenossenschaft Zürich ABZ (Abb. 1) ist mit ihren 50 Mitgliedern die wohl grösste Altersgemeinschaft in der Schweiz. Drei Generationen, Einzelpersonen und Paare zwischen 50 und 90 Jahren bilden eine Hausgemeinschaft innerhalb einer grösseren Wohnsiedlung am Stadtrand von Zürich. Die Mieter und Mieterinnen leben in attraktiven 2½- und 3½-Zimmer-Wohnungen. Darüber hinaus stehen ihnen verschiedene Gemeinschaftsräume zur Verfügung: Gästezimmer, Fitnessbereich, Bibliothek, Computerraum und ein grosser Mehrzweckraum, der als Treffpunkt der Hausgemeinschaft dient, aber auch von den übrigen Siedlungsbewohnern und von Aussenstehenden genutzt werden kann.

---

3   *SVW*, 2012, http://www.svw.ch/dienstleistungen/fachpublikationen.html?catid=5

Bei Vertragsabschluss haben sich die Mitglieder der Hausgemeinschaft verpflichtet, sich wo nötig gegenseitig zu unterstützen und pro Woche zwei bis vier Stunden Freiwilligenarbeit für die Gemeinschaft zu leisten. Die Bewohnerinnen und Bewohner treffen sich mindestens 1x jährlich an der *Ordentlichen Hausversammlung.* Diese wählt eine Hauskommission, die den Betrieb organisiert, die über eine Mitsprache bei Mieterwechsel bzw. Neuvermietungen verfügt und den Kontakt zwischen Hausgemeinschaft und Geschäftsstelle der ABZ garantiert. Auf der ABZ-Website sind diverse Informationen über das Projekt, sowie das Betriebskonzept, das Reglement und der Zusatzvertrag für die Teilnahme in der Hausgemeinschaft verfügbar.[4]

Im Auftrag des BWO wurde das Zusammenleben in der Gemeinschaft über einen Zeitraum von 7 Jahren begleitet und evaluiert (2004–2010). Es wurden drei Befragungen in verschiedenen Zeitabständen durchgeführt: die erste vor Bezug der Wohnungen, die zweite ein Jahr nach Bezug und eine dritte drei Jahre danach. Bezogen auf das Generationen übergreifende Zusammenleben gilt es zu betonen, dass die Einbettung des Projektes in eine grössere Gesamtsiedlung von der Mehrheit positiv beurteilt wird und der Kontakt zu jungen Familien und Kindern geschätzt wird. Die Mehrheit der Bewohnerinnen und Bewohner haben sich dahingehend geäussert, dass man sich dadurch als Gruppe älterer Menschen nicht isoliert und separiert fühlt. Allerdings gab es auch Stimmen, die sich über den Kinderlärm stören oder über die Lärmimmissionen aus dem Mehrzweckraum.

Abb. 1:
Siedlung Rugg-
ächern, Zürich
(© BWO)

---

4 *SVW*, 2012, http://www.abz.ch/de/projekte/hausgemeinschaft_ruggaechern

Beim Projekt Ruggächern handelt es sich um ein Top-down-Modell. Das Projekt wurde nicht durch die Mitglieder selber initiiert, sondern durch die Wohnbaugenossenschaft ABZ. Eine Arbeitsgruppe erarbeitete das Konzept, machte dieses unter interessierten Kreisen bekannt und war auch für die Auswahl der Mitglieder verantwortlich.

Beispiel 3: **In buona compagnia – gemeinschaftliches Wohnen in Bonaduz**

Dieses Projekt wurde bottom-up, also von der Basis her entwickelt. Mit dem Ziel eine gemeinschaftliche Wohnform zu realisieren, wo sich Individualität und Gemeinschaft ergänzen, machten sich 5 Gleichgesinnte auf Landsuche und konnten nach zähen Verhandlungen im Zentrum von Bonaduz ein Grundstück erwerben (2007, Abb. 2). Ein Glücksfall, denn Bahnhof, Bus und Läden für den täglichen Bedarf liegen alle in Gehdistanz vom Grundstück entfernt.

Als Trägerschaft wurde eine Genossenschaft gegründet, weil diese die gleiche Wohnsicherheit bietet wie eine Stockwerkeigentümergemeinschaft, aber zugleich mehr Flexibilität für die Mieterschaft. Schwierig gestaltete sich die Finanzierung. Die Gruppe musste von verschiedenen Banken Absagen einstecken. Dies obwohl der Bund dem Projekt schon zu einem frühen Zeitpunkt ein Darlehen aus dem Fonds de Roulement zugesichert hatte, die Age Stiftung einen Beitrag leistete und aus den Pflichtanteilen der Genossenschafter eine stattliche Summe zusammen gekommen war. Mit der Raiffeisenbank Graubünden konnte schliess-

Abb. 2: in buona compagnia, Bonaduz (© Ralph Feiner)

lich eine regionale Lösung gefunden und zum Abschluss gebracht werden.

Inzwischen werden die beiden Gebäude von rund 40 Personen zwischen 49 und 84 Jahren belebt. Das Wohnungsangebot ist vielfältig und reicht von der 42 m² grossen 1½-Zimmer-Wohnung bis zum 100 m²-Loft. Auch in Bonaduz wohnen die Mitglieder in ihren privaten Wohnungen und können diverse Einrichtungen gemeinschaftlich nutzen, alles in allem etwa 10% der Wohnfläche. So gibt es an zentraler Stelle einen Mehrzweckraum bzw. einen Saal mit Cheminée und Küche, der als Verbindungsbau zwischen die beiden Baukörper mit den Wohnungen gesetzt wurde. Es besteht die Idee, dass sich dieser zu einer halböffentlichen Cafeteria entwickeln kann, die auch der Bevölkerung aus der Umgebung offen steht.

Fazit

Die am meisten verbreiteten Wohnformen im Alter sind das Leben in der eigenen Wohnung, im Mehrgenerationenhaushalt oder stationär im Heim. In den letzten Jahren ist eine grössere Zahl von Mischformen dazugekommen, die sich auf ein wachsendes Angebot stationärer und ambulanter Betreuung stützen können. Der Mehrgenerationen-Haushalt scheint auf den ersten Blick eher ein Auslaufmodell zu sein, die Idee hat in jüngster Zeit aber durch verschiedene Pilotprojekte wieder Auftrieb erhalten.

Literatur

Age Stiftung/Beyeler M. (Hrsg.), 2010: *Weiterbauen – Wohneigentum im Alter neu nutzen*, Basel

Beyeler M., 2011: *Weiterbauen, Wohneigentum im Alter neu nutzen* URL: http://www.weiterbauen.info/

Bundesamt für Statistik BFS (Hrsg.), 2009: *Schweizerische Gesundheitsbefragung SGB 2007*, Neuchâtel.

Schweizerischer Verband für Wohnungswesen SVW, 2012, URL: http://www.svw.ch/svw_schweiz.html,

Stutz, H., 2010: *Leistungen von Frauen in späteren Lebensphasen.* In: Weiterbauen – Wohneigentum im Alter neu nutzen, hrsg. v. Age Stiftung/M. Beyeler, Basel.

Wohnen Schweiz – Verband der Baugenossenschaften, 2012, URL: http://www.wohnen-schweiz.ch/

Zimmerli J./Ernst Basler + Partner, 2011: *Konsequenzen des demographischen Wandels: Vielfältige Lebensstile im Alter*, Zürich.

Weiterführende Literatur

Bericht der Kommission für Altersfragen, Arbeitsgruppe Wohnproblem, 1966: *Das Wohnproblem der Betagten in der Schweiz*, Bern.

Bericht des Bundesrates, 2007: *Strategie für eine schweizerische Alterspolitik*, Bern.

«Eine Generation revolutioniert ihre Zukunft»
Andere Wohnformen im Stürlerhaus am Altenberg, 3013 Bern

Margareta Hehl und Barbara Zohren

2001 haben sich drei Ehepaare und vier Einzelpersonen dazu entschieden, den dritten Lebensabschnitt gemeinsam zu gestalten und zusammen ins Stürlerhaus am Altenberg in Bern einzuziehen. Im folgenden Text wird das Projekt von seiner Anfangs- über die Realisierungsphase bis zum heutigen Stand beschrieben.

Wie hat alles begonnen?

Mit diesem Brief haben wir Bekannte, Freundinnen und Freunde angeschrieben:

Liebe Freundinnen und Freunde

Die Kinder sind ausgeflogen oder werden es demnächst tun, vielleicht wohnst Du allein oder zu zweit und wünschest Dir manchmal anregende Gespräche in den eigenen vier Wänden.
Wir möchten alle unabhängig sein und trotzdem brauchen wir Gesellschaft, um nicht in unseren grossen Wohnungen in Luxus und Ruhe zu vereinsamen. Deshalb haben wir begonnen, Gedanken an eine neue Wohnform der dritten Aera auszuspinnen:
Ein menschliches Biotop müsste es werden, wenn es uns gelänge, mit unseren Lebensphilosophien, unseren Ideen, Visionen, Kreationen, mit unseren physischen und psychischen Kräften räumlich zusammenzurücken.
Wer hilft mit, den Grundgedanken an eine Wohngemeinschaft weiter zu spinnen und ist bereit, an einem individuell-gemeinsamen Entwicklungsprozess teil zu nehmen?
Zu einer ersten unverbindlichen Runde treffen wir uns am Sonntag, den 28. Januar 1996 um 17 Uhr im ...
Eine weitere Idee wäre eine gemeinsame Woche im Piemont, in der wir die buntgewürfelten Wünsche und Anliegen alle erfassen und ordnen könnten: planen, kochen, gut essen, plaudern, Wein geniessen, lachen, streiten, revidieren, das alles würde helfen, einander kennenzulernen und einen kleinen Vorgeschmack der möglichen Realität zu erhalten. In Ai Galli, einem wunderschönen Weiler im Piemont, haben wir Gelegenheit, einfach und unkonventionell zu wohnen. Daten können wir im Januar gemeinsam festlegen.
Das ganze Projekt ist vorläufig unverbindlich. Willst Du mitmachen und mitdenken? Melde Dich bitte bis 10. Januar an, damit wir das Cheminéefeuer mit kulinarischen Zutaten vorbereiten können. Mit grosser Freude, wenn es klappt und mit herzlichen Grüssen sowieso

Im Dezember 1995
Madeleine Brand, Margareta & Richard Hehl, Barbara & Helmut Zohren

Daraus entstanden regelmässige Treffen mit Essen, festen Traktanden und Workshop-Seminaren im Piemont und in dieser Zeit gründeten wir auch den Verein Andere Wohnformen, genannt AWF. Dieser zählte im Verlaufe der Zeit 30 bis 120 interessierte Personen.

Vor der Realisierung

Welche Fragen haben wir uns vor der Realisierung gestellt?

Was erwarten wir, von uns selbst, von den Mitinteressierten, von der Gemeinschaft, vom eigenen Altwerden, vom gemeinsamen Altwerden, was ist unverzichtbar, auf was kann ich verzichten, wie sieht meine persönliche Liste der Vor- und Nachteile aus, wie tolerant bin ich, was erwarte ich in dieser Beziehung von den andern? Können wir mit Konflikten umgehen?

Ein paar Antworten dazu

Unsere Zukunft soll begeistern, wir wollen das Altwerden lebendig gestalten, über Ziele hinausschiessen, Ziele zurücknehmen dürfen, tragende Beziehungsfelder finden ausserhalb der Familienrolle, Toleranz üben, eine Diskussionskultur entwickeln, Nähe und Distanz erfahren.

Wie wollten wir wohnen?

Wir stellten uns eine Wohnform in den eigenen vier Wänden vor, legten aber gleichzeitig grossen Wert auf die Errichtung von Gemeinschaftszonen. Im näheren Umfeld sollten Möglichkeiten bestehen, kulturelle oder soziale Aktivitäten aufzugreifen, anzubieten und zu nutzen, Grünflächen und Garten durften nicht fehlen.

Mit diesen schon ziemlich präzisen Vorgaben suchten wir ein Gebäude in der Stadt Bern, in dem das gemeinsame Wohnen gelebt werden könnte. Der gesamte Wohnraum sollte Platz für 10 oder mehr Personen bieten und in individuelle und gemeinschaftliche Räume unterteilt werden können. Wichtig waren uns auch Grünflächen und Gästeräume. In dieser Zeit schauten wir uns fast unzählige Immobilien an, Blockhäuser, Schlösser, Industriebrachen etc.

Nach 5 Jahren intensiver Auseinandersetzung wurde die neue Wohnform für 10 Personen Realität.

Wer wir sind

Aus dem Verein «Andere Wohnformen» AWF mit Sitz in Bern waren im Jahr 2000 drei Ehepaare und vier Einzelpersonen (alle zwischen 55 und 65 Jahren) soweit, dass sie mit dem Kauf des «Stürlerhauses» den Sprung aus der Theorie in die Praxis wagten. Wir haben unterschiedliche Biografien und Berufe. Gemeinsam aber wollten wir unseren dritten Lebensabschnitt gestalten.

Von der Theorie zur Praxis

Wie wohnen wir heute?

Wir wohnen in Bern, im wunderschönen, lebendigen Altenbergquartier, direkt an der Aare, in einem Haus mit Garten und Nebenhaus. In der Nähe befinden sich eine Kita und ein Kulturforum, Beizen, zwei Kleinläden, Bus und Tram.

Suche nach einer Rechtsform

Wir sind eine Genossenschaft. Diese juristische Form haben wir gewählt, weil sie das Gemeinschaftliche in den Vordergrund stellt und nicht das Eigentum. Jede Person hat die gleichen Rechte und Pflichten. Das Haus gehört der Genossenschaft. Die Bewohnerinnen und Bewohner sind Mieterinnen und Mieter.

Bei personellem Wechsel bestimmen alle Genossenschafterinnen und Genossenschafter die geeignete Nachfolge. Damit wird gewährleistet, dass unsere Philosophie der Wohnform im Alter erhalten bleibt. Verkauf und Vererbung von Wohnraum ist nicht möglich.

Statuten

- Die Genossenschaft setzt sich ein für gemeinschaftliches, vielfältiges, lebendiges und sicheres Wohnen und Arbeiten.
- Die Genossenschafter und Genossenschafterinnen unterstützen und helfen sich gegenseitig bei Krankheiten und speziellen Bedürfnissen im Älterwerden.
- Die Genossenschaft bietet Gewähr für die Geborgenheit in der Gemeinschaft.
- In der Genossenschaft sollen gemeinsame kulturelle, soziale, politische und gewerbliche Aktivitäten möglich sein.

Demokratische Spielregeln

Anstehende Beschlüsse wurden in wöchentlichen Sitzungen in der Gesamtgruppe diskutiert und entschieden, so dass sich jedes Mitglied mit der Ausgestaltung des Hauses identifizieren konnte. Diese basisdemokratische Entscheidfindung erachten wir als wichtige Bedingung für einen dauerhaften Zusammenhalt der Gruppe. Durch offene Diskussionen entstand eine gute Streitkultur, die von gegenseitigem Respekt getragen ist.

Finanzen und Verträge

Der grösste Teil der Gruppe lebte in gesicherten finanziellen Verhältnissen, viele besassen ein Haus oder Eigentumswohnung und hatten Gelder der 2. Säule. Demnach verfügten wir über die Möglichkeit, die Finanzierung eines konkreten Projekts relativ einfach und kurzfristig vorzunehmen. Wir studierten mögliche Finanzierungsmodelle und entschieden uns für folgendes:

Mit einem Anteilschein von 10'000 Franken kann man Mitglied unserer Genossenschaft werden. Ein zinsloses Darlehen von 180'000 Franken ist Voraussetzung für die Miete einer Wohnung mit Gemeinschaftsräumen im Stürlerhaus. Das Geld wird bei Auszug oder Tod zum Nominalwert zurückerstattet.

Arbeitsgruppen

Die Finanzgruppe

Ein Mitglied der Finanzgruppe hat das wichtige Amt des Finanzverantwortlichen. Es führt die Geschäftsbuchhaltung mit Jahresabschluss und Budget. Beides muss von der Mitgliederversammlung genehmigt werden. Der Quästor ist auch verantwortlich für die Errechnung der Mietzinse, die jährlich, je nach Ausgaben oder Ersparnissen, mehr oder weniger hoch ausfallen (die sogenannte Kostenmiete).

Der Jahresumsatz der Genossenschaft beträgt ca. 150'000 Franken. Die Finanzgruppe hat auch den Auftrag, mit den Banken für beste Konditionen bei den Hypothekarzinsen zu verhandeln. Für juristische Fragen und Verträge steht uns die hauseigene Juristin zur Verfügung.

Die Bau- und Technikgruppe

Unser Gebäude ist 352 Jahre alt. Es gibt für die 4 Mitglieder der Bau- und Technikgruppe immer wieder etwas zu tun. Das geht von der Überwachung der Gasheizung und Warmwasseranlage über den Ersatz von Biberschwanzziegeln bis zur Fehlersuche in der hauseigenen Telefon- und Internet-Zentrale.

Garten

Die Gartengruppe organisiert gemeinsame Gartennachmittage. Ausserdem finden sich alle Genossenschafter und Genossenschafterinnen auf einer Rasenmäh- und Jätliste. Manchmal helfen auch Söhne/Töchter und Enkel mit. Im übrigen geniessen wir den Garten mit seinen verschiedenen Sitzplätzen.

Küche und gemeinsamer Essraum

In der grossen Gemeinschaftsküche wird vor Sitzungen für alle gekocht, gegessen wird im Gemeinschafts-Essraum, wo dann auch die Sitzungen stattfinden. Auch am Sonntagmorgen finden sich hier alle ein. Die Küchengruppe ist für eine funktionstüchtige Küche verantwortlich, sie wartet Kaffeemaschine und Steamer und sorgt für Vorräte und Ordnung.

Auftritt nach aussen

Kulturraum

Im Kulturraum finden für das Quartier und unseren Freundeskreis regelmässig Kinoabende statt, werden Bunderatswahlen und Fussballmeisterschaften übertragen, Sing- oder Theaterabende organisiert. Auch dafür gibt es eine Gruppe, die organisiert und koordiniert.

Bar

Mit einer fahrbaren roten Bar sind wir zwei bis dreimal im Sommer auf der Strasse und geben den Spazierenden Gelegenheit, Bekanntschaften zu knüpfen. Meistens kommen auch Nachbarn und Nachbarinnen zu einem Schwatz. Wir offerieren Wein, Brot und Sirup. Diese Aktionen finden grossen Anklang.

Bed & kitchen

Das bed & kitchen ist unser kleines aber feines Business. Wir vermieten 2 Gästezimmer, die über Bern Tourismus oder per mail reserviert werden können. Planung, Organisation und Wäsche besorgen wir selbst, fürs Putzen haben wir eine Reinigungsfrau. Bei Messen oder Ausstellungen sind wir meist ausgebucht.

Website

Unter www.stuerlerhaus.ch führen wir eine Website, die umfassend über unser Projekt, über unsere Mitglieder und über das Haus Auskunft gibt.

Quo vadis

Nach 8 Jahren Praxis in einer Alters-WG und vielen Fragen aus der Bevölkerung: «Wie macht man so etwas, wo beginnt man damit, welche Leute eignen sich zum Zusammenwohnen» haben wir unsere Erfahrungen gebündelt und das Angebot «quo vadis junge alte» entwickelt. Dabei sprechen wir Leute ab 50 an die sich Gedanken machen: «Wie, wo und mit wem will ich alt werden»? In Kursen oder Gruppen gehen wir auf Phantasien, Fragen und Bedürfnisse ein und entwickeln gemeinsam Strukturen, die Klarheit schaffen und Mut und Energie geben für ein neues Lebensmodell im Alter.

Wir bieten auch Referate oder massgeschneiderte Seminare an, beraten das Seniorensegment von Firmen und unterrichten an der Volkshochschule in Bern sowie an der Zürcher Hochschule für angewandte Wissenschaften in Winterthur junge Ergotherapeutinnen und Ergotherapeuten.

Fazit: Bemerkungen zu einer Wohnform im Alter

Welche Voraussetzungen braucht es für ein dauerhaftes Zusammenleben selbstverantwortlicher Menschen?

- Früher Beginn der Projektierung nach Abschluss der Familienphase aber besser vor Ende der Berufszeit
- Eine möglichst grosse Initialgruppe – mit Gelegenheit sich kennen zu lernen, damit sich kompatible Personen zusammenfinden
- Gemeinsames Erarbeiten von Grundsätzen wie z.B. Verhältnis von Nähe und Distanz, Gemeinsamkeit und Privatheit, Anspruch und Verzicht (Raum, Komfort), offene Diskussion von Erwartung an die und Engagement in der Gruppe
- Finanzielle Regelungen
- Definition von gemeinsamen Aktivitäten
- Absolute Gleichberechtigung, gegenseitige Akzeptanz, zuhören können

Mehrgenerationenhäuser – neue Ansätze braucht die Schweiz!

JÜRG ALTWEGG

Im folgenden Kapitel soll ein konkretes Beispiel von intergeneratio-
nellem Wohnen vorgestellt werden, respektive welche Überlegungen
und Grundsätze hinter einem solchen Projekt stecken. Es handelt sich
dabei um das Projekt «Giesserei – das Mehr-Generationen-Haus» in
Winterthur, welches sich im Moment im Bau befindet.

Überblick und Konzept

Zukunftsweisend – Vorsorgend – Selbstverwaltet: Seit Entstehung
der Idee eines Mehrgenerationenhauses Anfang 2005 diskutieren und
entscheiden die zukünftigen BewohnerInnen viele Belange des Sied-
lungsprojekts selbstständig und engagiert. Wie sehen die Wohnungen
aus? Wie können wir eine Alters- und soziale Mischung erreichen, die
von allen getragen wird?

Mehrgenerationenwohnen: Wir möchten einen Generationenmix mit
Menschen quer durch alle Generationen «vom Baby bis zum Greis»
erreichen. Anhaltspunkt ist die Demografie der Schweiz. Unser Instru-
ment dazu: eine Vermietungskommission, die auch auf den Altersmix
achtet und regulierend auf die Zusammensetzung der BewohnerInnen
einwirkt.

Soziale Durchmischung von Lebensform und ökonomischem Status:
Einzelpersonen, Paare, mit oder ohne Kinder, Wohngemeinschaften
– verschiedene Lebensformen werden in der Giesserei möglich sein.
Den veränderten Wohnbedürfnissen in den verschiedenen Lebensab-
schnitten soll möglichst Rechnung getragen werden.
Wir streben eine soziale Durchmischung an: Menschen unterschiedlicher Herkunft, unterschiedlicher ökonomischer Verhältnisse und
verschiedener Berufsgruppen leben in gegenseitigem Respekt und
versuchen sich im Alltag und in besonderen Situationen gegenseitig
zu unterstützen.
Mit folgenden Ideen können wir eine Durchmischung fördern: Mit
einem Solidaritätsfonds bei der Gesewo (Genossenschaft für selbstverwaltetes Wohnen) werden BewohnerInnen in Notlagen unterstützt.

Rund 30 Wohnungen werden durch den Kanton und die Stadt Winterthur subventioniert und können von Berechtigten bezogen werden. Ein Darlehensfonds reduziert die Hürde für die Einbringung des Pflichtdarlehens.

Gemeinschaft und Individuum: Wir möchten in Gemeinschaft solidarisch leben und von der Vielfalt der Durchmischung profitieren. Kombiniert mit der hohen Kunst, das Individuum nicht zu beschränken und gleichzeitig zu freiwilligem Handeln und persönlicher Entfaltung zu ermutigen. Dazu dienen Gemeinschaftsaktivitäten (Kultur, Kinder, Essen), Gemeinschaftsarbeiten (Pflege der Aussenanlagen) sowie Tausch- und Informationsbörsen.

Siedlung mit hohem ökologischem Standard: Wir wollen mit unserer Energie sparsam und verantwortungsbewusst umgehen. Ökologisches Handeln und ressourcensparendes Verhalten sollen auch im Alltag erkennbar sein.
Unser Haus trägt das Minergie-P-Eco-Zertifikat. Die Kriterien sind: spezifischer Wärmeleistungsbedarf, Heizwärmebedarf, gewichtete Energiekennzahl, luftdichte Gebäudehülle und Haushaltsgeräte der energetisch besten Klassifizierung.
Wir bauen eine autoarme Siedlung: Die BewohnerInnen verzichten bis auf wenige begründete Ausnahmen auf eigene Motorfahrzeuge. Deswegen weist die Siedlung wesentlich weniger Parkplätze auf als üblich. In der Tiefgarage stehen Mobility-Autos zur Verfügung. Als Velosiedlung hat bei uns klar der Langsamverkehr Priorität: Zwei Velorampen führen zu Hunderten von Veloabstellplätzen im Untergeschoss.

Gesundes Wohnen: Seitdem Menschen in Häusern wohnen, nutzen sie Holz als Baustoff. Holz hat sich bewährt und ist als nachwachsender Rohstoff zukunftsfähig. Wir bauen einen modernen Holzbau: Die Giesserei wird mit 155 Wohnungen einer der grössten Wohnholzbauten in der Schweiz werden. Modernste Holzbauweise heisst höchste Sicherheitsstandards auch im Brandschutz, ökonomische Optimierung, baubiologische Hochwertigkeit mit einem spürbar besseren Wohnklima sowie ein Schallschutz, der den SIA-Normen entspricht.

Abb. 1:
Mehr-Generationen-
Haus Giesserei

Rund um den Bau

Holzbau in Minergie-P-Eco: Der moderne Holzbau soll nicht nur allen Generationen einen attraktiven Lebensraum bieten, sondern auch über viele Generationen das Zusammenleben aktiv gestalten helfen. Dies bedingt sorgsame Voraussicht, und dabei ist auch der Energieverbrauch von grosser Bedeutung; sowohl bei der Erstellung als auch während des Betriebs und am Ende bei der Entsorgung. Ein exzellent wärmeisolierter Holzbau erfüllt die Vorgaben ideal.

Was trotz guter Isolation an Wärme noch gebraucht wird, liefert uns die Kehrichtverbrennungsanlage zuverlässig über das Fernwärmenetz. Mit einer kontrollierten Lüftung sorgen wir dafür, dass trotz besten Isolationswerten immer genügend frische Luft in den Räumen vorhanden ist.

Die Fotovoltaikanlage auf dem Dach leistet einen wichtigen Beitrag an die elektrische Versorgung. Der Solarstrom wird vom Elektrizitätswerk gerne entgegen genommen.

Ausbaustandards: Der Ausbaustandard orientiert sich am aktuellen und modernen Mietwohnungsbau. Die Wohnungen haben grosszügige Grundrisse und Balkone. Während der Bauphase haben die Erstmietenden noch diverse Optionen der Mitsprache in der Wahl der Farben und Materialien.

Mehrgenerationengerecht: Alle Wohneinheiten sind hindernisfrei, also rollstuhlgängig, und mit dem Lift erreichbar. Im Erdgeschoss entsteht eine Kindertagesstätte. Der Aussenraum wird so gestaltet, dass für alle Altersgruppen Flächen entstehen (z.B. «Dorfplatz», Kinderspielecke, Ruhezonen etc.).

Gemeinschaftsräume und Aussenanlagen: Die Gemeinschaftsräume und die Aussenanlagen fördern die Entwicklung des sozialen Zusammenhalts der BewohnerInnen. In einem grossen und einem kleinen Gemeinschaftsraum hat es viel Platz für Aktivitäten aller Art. Zwei gemeinsam zu nutzende Werkstätten fördern die Kreativität. Weitere Highlights sind: Mobilitätsräume für Kinderwagen und «Spezialfahrzeuge», zwei «Textilbars» (Waschküchen mit Tageslicht als Treffpunkt), sowie Jokerzimmer, die als Kleinstwohnungen ohne Küche über kürzere oder längere Zeiträume zugemietet werden können. So sollen sowohl Gemeinschafts- wie auch Individualbedürfnisse befriedigt werden.

Wohnungsspiegel: 155 Wohnungen! Ein breites Angebot an unterschiedlichen Wohnungstypen soll allen Bedürfnissen entgegenkommen. So ist auch ein Wechsel in eine grössere oder kleinere Einheit einfacher möglich. Von der kleinsten Einheit Jokerzimmer bis zur 9-Zimmer-Grosswohnung gibt es in der Giesserei für jedes Bedürfnis etwas.

Gewerberäume: Im Erdgeschoss entstehen vielfältige Angebote für Gewerbe und die öffentliche Hand: ein Restaurant, eine Quartierbibliothek, ein Veloladen mit Werkstatt, eine Gemeinschafts-Praxis, eine Kindertagesstätte und ein Tageszentrum für Hirnverletzte. Weitere Gewerbe- und Atelierräume sind noch frei.

Termine: Baustart: 15. April 2011; Mietverträge: Sommer 2012; Bezug: Anfang 2013; Reservationen: ab sofort möglich.

Generationenübergreifende Wohnpartnerschaften – Wohnen für Hilfe

Franjo Ambrož

Ausgangslage und Grundprinzip

Viele ältere Menschen leben alleine. Einige von ihnen in Wohnungen und Häusern, die für sie zu gross geworden sind. Zahlreiche haben den Wunsch nach etwas Unterstützung im Haushalt, im Garten, beim Einkaufen oder sie wünschen sich eine Begleitung bei kulturellen Unternehmungen oder auch einfach in Form von Gesellschaft.

Auf der anderen Seite gibt es viele junge Menschen, vor allem Studierende, deren finanzielle Mittel knapp sind und die dringend bezahlbaren Wohnraum benötigen und gerne bereit wären, Hilfeleistungen für Seniorinnen und Senioren zu erbringen.

Das Grundprinzip des Projektes «Wohnen für Hilfe» ist einfach: Eine Seniorin oder ein Senior stellt Wohnraum zur Verfügung und hat dafür Anspruch auf Dienstleistungen durch die Person, welche diesen Wohnraum nutzt. Eine Stunde Arbeit pro Monat und pro Quadratmeter genutzten Wohnraum hat sich dabei als Tauschregel etabliert.

Zielsetzungen und Nutzen

«Generationenübergreifende Wohnpartnerschaften – Wohnen für Hilfe» ist ein von Pro Senectute Kanton Zürich getragenes Generationenangebot. Es bezweckt, Wohnpartnerschaften zwischen älteren

Menschen und Studierenden zu vermitteln und zu begleiten. Eine Wohnpartnerschaft bietet dabei weit mehr als den Austausch von Dienstleistungen. Sie fördert den Zusammenhalt der jüngeren und älteren Generation und stärkt die intergenerationellen Beziehungen. Die Zielsetzungen und der Nutzen von «Wohnen für Hilfe» sind vielfältig: Auf immaterieller Ebene ist die Wohnpartnerschaft ein Beziehungsangebot, das im Idealfall die Lebensbedingungen und die Lebensqualität aller Beteiligten verbessert. Durch den täglichen Kontakt kann die soziale Isolation verringert und die Sozialkompetenz der Beteiligten erhöht werden. Die älteren Menschen blicken auf ein langes (Berufs-)Leben zurück, während die Studierenden kurz vor dem Eintritt in die berufliche Laufbahn stehen. Die Seniorinnen und Senioren können ihre Erfahrungen weiter geben und profitieren ihrerseits vom aktuellen Wissensstand der jüngeren Generation. Es können neue Bilder vom Alter geschaffen und ein positives Image der jungen Generation erzeugt werden. Das Verständnis für die andere Generation kann geweckt und der Umgang offener werden. Der gesellschaftliche Gewinn liegt in diesem aktiven und gelebten Austausch zwischen den Generationen. Nicht zu unterschätzen ist darüber hinaus der Aspekt der Sicherheit bzw. des Zuwachses an Gefühlen von Sicherheit bei den älteren Menschen dadurch, dass einfach jemand da ist und unter demselben Dach wohnt.

Auf materieller Ebene geht es darum, ungenutzten Wohnraum nutzbar zu machen und dadurch zur Verringerung der Wohnraumknappheit beizutragen sowie finanzielle Einsparungen zu erzielen, und zwar sowohl bei den Studierenden durch geringere Wohnkosten als auch bei den Seniorinnen und Senioren durch das Vermeiden von Ausgaben für externe Hilfe und allenfalls Umzugskosten.

Im deutschsprachigen Raum wurde diese Idee unter dem Namen «Wohnen für Hilfe» erstmals 1992 in Darmstadt umgesetzt. In den letzten Jahren wurde das Angebot in verschiedenen weiteren Universitätsstädten realisiert.

Vermittlung und Begleitung der Wohnpartnerschaften

Damit die Wohnraum anbietenden Seniorinnen und Senioren und die Wohnraum suchenden Studierenden zusammengeführt werden können, betreibt das Dienstleistungscenter Stadt Zürich von Pro Senectute Kanton Zürich seit Juni 2009 die Vermittlungs- und Kontaktstelle «Wohnen für Hilfe». Dort laufen alle Fäden zusammen, dort werden die Wohnpartnerschaften ausgehandelt und vereinbart sowie professionell begleitet.

Für die Seniorinnen und Senioren ist das Öffnen der eigenen vier Wände für jemand Fremden ein grosser und alles andere als leichter Schritt. Vom Erwägen, sich für das Angebot anzumelden, bis zum Entscheid, es auch tatsächlich zu tun, müssen einige Barrieren überwunden werden. Gerade in der Phase des Entscheidens benötigen die älteren Menschen deshalb eine kompetente und verlässliche Kontaktperson sowie eine Vertrauen schaffende Trägerschaft, um Bedenken äussern und offene Fragen klären zu können.

Dies gilt auch für die Zeit nach dem Entscheid bzw. für bestehende Wohnpartnerschaften: Die Beteiligten – Seniorinnen und Senioren wie Studierende – brauchen die Sicherheit, dass sie jederzeit Begleitung und Unterstützung anfordern können. Die persönliche Beratung ist deshalb von zentraler Bedeutung, denn eine Wohnpartnerschaft kann im Alltag nur funktionieren, wenn sich die Beteiligten einerseits gut verstehen und wenn sie andererseits bei Schwierigkeiten oder Unstimmigkeiten Unterstützung in Anspruch nehmen können. Die Begleitung der Wohnpartnerschaft durch Pro Senectute Kanton Zürich umfasst deshalb Hausbesuche, Beratung bei der Gestaltung der Wohnpartnerschaft, Vermittlung und Unterstützung im Konfliktfall sowie Erfahrungsaustausch mit anderen Teilnehmenden.

Damit das Zusammenwohnen im Alltag möglichst reibungslos klappt, schliesst die Vermieterin/der Vermieter mit der Bewohnerin/dem Bewohner eine schriftliche Vereinbarung ab, die ihrem Wesen nach einem Miet- bzw. Untermietvertrag entspricht. Darin werden die Nettomiete und die zu leistenden Arbeitsstunden sowie die separat zu bezahlenden Nebenkosten (etwa Heizung, Elektrisch) festgehalten. Weiter werden die zu erbringenden Dienst- und Hilfeleistungen schriftlich vereinbart (Art der Dienstleistung und Zeitaufwand pro Monat). Diese orientieren sich sowohl an den Bedürfnissen der älteren Menschen als auch an den Kompetenzen und Möglichkeiten der Studierenden. Die erbrachten Leistungen werden vom Bewohner auf einem Zeiterfassungsblatt festgehalten, von der Vermieterin bestätigt und von der Vermittlungs- und Kontaktstelle vierteljährlich überprüft.

Das Spektrum der von den Studierenden zu erbringenden individuellen Dienstleistungen ist vielfältig. Dazu gehören etwa Hilfe im Haushalt und bei der Gartenpflege, kleinere Reparatur- und Renovationsarbeiten, Einkäufe, Besorgungen, Botengänge, Erledigung von Korrespondenz, Begleitung auf Ämter, bei Arztbesuchen oder zu kulturellen

Veranstaltungen, Unterstützung in der Informationstechnologie (PC, Mobiltelefon) oder Fremdsprachen unterrichten. Ausgenommen sind pflegerische Leistungen.

Pilotprojekt und Nachfolgeprojekt

Um einzuschätzen, ob das Projekt «Generationenübergreifende Wohnpartnerschaften – Wohnen für Hilfe» seine Ziele und seine Zielgruppen erreicht bzw. ob das Angebot zum Tragen kommt, wurde das Angebot in einem zweijährigen Pilotprojekt, von Mai 2009 bis Mai 2011, in der Stadt Zürich und Agglomeration eingeführt.

Während des Pilotbetriebes konnten 21 Wohnpartnerschaften eingerichtet werden (Stand Oktober 2011). Es zeigte sich, dass die Nachfrage nach Wohnpartnerschaften besonders bei den Studierenden gross ist (227 Anmeldungen) und die Anzahl Angebote von Seniorinnen und Senioren (45 Anmeldungen) deutlich übertrifft. Auf Grund der insgesamt positiven Ergebnisse, die auch in einer Untersuchung des Zentrums für Gerontologie der Universität Zürich festgestellt wurden, lancierte Pro Senectute Kanton Zürich ein zweijähriges Nachfolgeprojekt, das bis November 2013 andauern wird. Ziel ist es, die Zahl der Wohnpartnerschaften weiter zu erhöhen. Gegenüber dem Pilotprojekt wurden einige Änderungen vorgenommen. Dazu gehören die Ausweitung des Angebotes auf den ganzen Kanton Zürich und der Einbezug von Freiwilligen als Begleitpersonen für die Wohnpartnerschaften. Zudem wird den Wohnpartnern zukünftig eine geringe Aufwandsentschädigung verrechnet.

An die Projektkosten leisteten der Stadtverband der evangelisch-reformierten Kirchgemeinde der Stadt Zürich, die Günther Caspar-Stiftung, die Heinrich & Erna Walder-Stiftung und der Entwicklungs- und Projektfonds von Pro Senectute Schweiz namhafte Beiträge.

Weiterführende Literatur

Flammer, L. S., 2011: *Zwischen Seniorenresidenz und Studentenbude. Neue Wohnformkonzepte für junge und alte Menschen.* Maturaarbeit am Gymnasium am Münsterplatz, Basel.

Hagmann, R., 2010: *Wohnen für Hilfe, Ein Projekt mit Zukunftschancen?* Master Thesis, Berner Fachhochschule Soziale Arbeit. URL: http://www.zfg.uzh.ch/static/2010/hagmann_master_bfh_2010.pdf, 31. März 2012.

Oppikofer, S. et al., 2011: *Wohnen für Hilfe, Generationsübergreifend Wohnpartnerschaften. Ein Interventionsprojekt von Pro Senectute Kanton Zürich. Abschlussbericht August 2011.* Zentrum für Gerontologie, Universität Zürich. URL: http://www.zfg.uzh.ch/projekt/alt/wohnen-fuer-hilfe.html, 31.März 2012.

Intergenerationeller Wissenstransfer: Besonderheiten jüngerer und älterer Mitarbeitenden.

Norbert Thom und Elena Hubschmid

Demografischer Wandel

Demografischer Wandel ist zu einer der prägenden Einflussgrössen unserer Zeit geworden. Im Laufe des 20. Jahrhunderts ist die Zahl der älteren Menschen gestiegen, während die Anteile der Jugendlichen sowie der Personen im erwerbsfähigen Alter (20 bis 64 Jahre) gesunken sind und voraussichtlich kontinuierlich weiter sinken. Entsprechend der Grafik des Bundesamtes für Statistik BFS (siehe Abbildung 1), hat sich die Form der Alterspyramide von einer «Tanne» im Jahre 1900 über eine «Glocke» bzw. Pyramiden-Pappel im Jahre 1950 zu einer «Linde» (Stand Jahr 2000) gewandelt. In der Schweizer Bevölkerung dominiert aktuell noch die Baby-Boomer Generation, was bedeutet, dass sich eine schwächer besetzte Jugendgeneration und eine wachsende Zahl älterer Menschen gegenüber stehen. Vor allem zwei Tendenzen prägen die heutige demografische Entwicklung: steigende Lebenserwartung und sinkende Geburtenrate.

Die Knappheit an Talenten in der Schweiz und in ganz Europa wird zunehmend zur personalwirtschaftlichen Herausforderung. Gemäss BFS wird im Jahr 2020 der Anteil der über 50-Jährigen ein Drittel der Belegschaft in der Schweiz ausmachen. Der demografische Wandel in der Schweiz zeichnet sich vor allem durch die Alterung der Erwerbsbevölkerung von oben infolge der steigenden Lebenserwartung sowie der sinkenden Geburtenrate (die sog. Alterung von unten) aus. Daher wird klar, dass Unternehmen prognostizieren müssen, wie sich ihre jeweilige Arbeitskräftesituation in den nächsten fünf, zehn und fünfzehn Jahren entwickeln könnte. Aufgrund solcher Prognosen sollten die Unternehmen ihre Personalstrategien anpassen. So müssen zum Beispiel die erwarteten Talentlücken, welche durch den Austritt der Baby Boomer Generation aus dem Arbeitsmarkt entstehen, durch die Gewinnung von Nachwuchskräften geschlossen werden. Um den Bedarf an qualifiziertem Personal rechtzeitig decken zu können, sind Personalerhaltungsmassnahmen gezielt auf die älteren Mitarbeiter anzupassen und neue Kanäle zur Gewinnung der jungen Hochschulabsolventen zu erschliessen. Zudem gilt es, die effiziente Zusammenarbeit älterer und jüngerer Mitglieder der Belegschaft zu fördern.

Abb. 1:
Altersaufbau der
Bevölkerung in
der Schweiz (vom
BFS zur Verfü-
gung gestellt)

Wohnbevölkerung nach Altersjahr im Jahr 1900

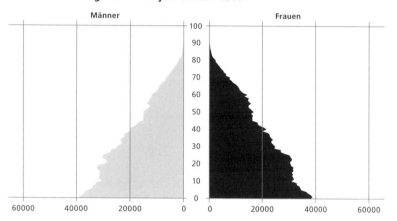

Wohnbevölkerung nach Altersjahr im Jahr 1950

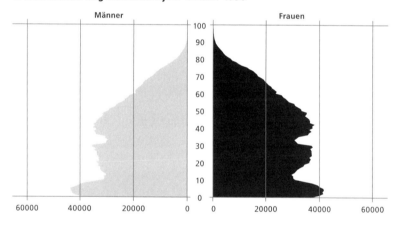

Wohnbevölkerung nach Altersjahr im Jahr 2000

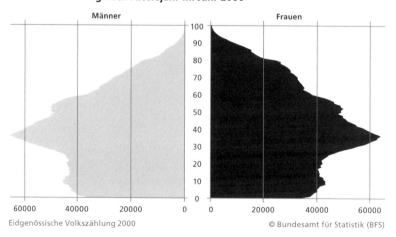

Eidgenössische Volkszählung 2000

© Bundesamt für Statistik (BFS)

Viele ältere Mitarbeiter sind massgeblich in Unternehmensprozesse involviert, welche für das effiziente Funktionieren eines Unternehmens notwendig sind. Gleichzeitig treten in Unternehmen junge Absolventen einer Berufs- oder Hochschulausbildung ein und arbeiten mit älteren Mitarbeitenden in einem Team zusammen. Aufgrund der unterschiedlichen Werte und Lebenskonzepte, welche auf die generationellen Differenzen zurückzuführen sind, leidet oft die Zielerreichung. In der Überwindung dieser Effizienzeinbussen liegt eine Herausforderung für die Personalführung.

Generationelle Diversität der Belegschaft

In der heutigen Arbeitswelt sind vor allem drei Generationen präsent: Baby Boomer, Generation X und Generation Y. Die Abschnitte (Jahresangaben), welche Übergänge zwischen den Generationen bestimmen, sind je nach Autor unterschiedlich. Eine verbreitete Abgrenzung ist folgender Abbildung zu entnehmen:

Abb. 2: Beispiel für Einteilung der Generationen (nach Eisner 2005, S. 4 ff.)

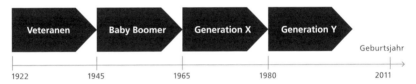

Je nach Alter und Generationszugehörigkeit wird einer Kategorie der Mitarbeitenden eine Reihe verschiedener Eigenschaften zugeschrieben: Den Jungen wird in einer positiven Interpretation Kreativität, Innovations- und Tatkraft, den Älteren dagegen Erfahrungswissen, Verantwortungsbewusstsein und Loyalität attribuiert.

In der folgenden Tabelle 1 sind einige ausgewählte Merkmale der erwähnten Generationen in Stichworten erwähnt:

Tab. 1: Ausgewählte Generationenmerkmale (eigene Darstellung)

Generation	Merkmale		
Baby Boomer	Workaholics	Sachlichkeit/Funktionalität	Strikt geführte Schul- und Arbeitssysteme
Generation X	Misstrauen gegenüber Fremden	Diversität bezüglich der zu erledigenden Aufgaben	Arbeit steht im Zentrum des Lebens
Generation Y	Flexibilität	Technologische Affinität	Arbeit sollte Spass machen

Verschiedene Eigenschaften, welche die Mitarbeitenden der genannten Altersgruppen kennzeichnen, bergen Konfliktpotenzial, welches aufgrund von Meinungsdivergenzen und unterschiedlichen Lösungsansätzen entsteht. Gleichzeitig gibt eine solche altersbezogene Diversität eine Möglichkeit, Teams ganz neu zusammenzusetzen und Aufgabenbereiche auf eine neue Art zu ordnen. So ist es heute durchaus möglich, dass dank der Affinität der jüngeren Generationen mit neuen Technologien die noch vor 10 Jahren untypische Konstellation «jüngerer Chef, älterer Mitarbeitender» häufiger auftritt. Dies verlangt die Anpassung von Personaleinsätzen, Coaching- sowie Personalentwicklungsprogrammen im Unternehmen. Beispielsweise wird die Konzipierung der Mentoring-Programme so ungewöhnlich verändert, dass ein Gen Y-er zum Mentor eines Mitarbeiters aus der älteren Generation avanciert. Damit die Arbeitseffizienz im Rahmen einer solchen Neuausrichtung in Bezug auf die Rollenverteilung gewährleistet wird, muss ein entsprechender Wandel in der Unternehmenskultur verankert werden. Führungskräfte und Personalmanager sollen bspw. dafür sorgen, dass die neue Konstellation (jüngerer Chef oder Coach, älterer Mitarbeiter) nicht zu Missverständnissen führt, sondern dass die Akzeptanz dieses Paradigmenwechsels gefördert wird.

Ältere Mitarbeitende – Erfahrungsträger

Obwohl ältere Mitarbeitende grundsätzlich als Erfahrungsträger gelten, wäre es irreführend, sie als homogene Gruppe zu betrachten. Sie zeichnen sich zwar weniger durch die spezifischen Eigenschaften allein infolge ihrer Zugehörigkeit zur älteren Generation aus (wie das bei der Generation Y der Fall ist), sondern lassen sich arbeitsmarktspezifisch grob in zwei grosse Gruppen unterteilen. Die erste Gruppe strebt so schnell wie möglich die Frühpensionierung an, die zweite Gruppe will umgekehrt so lange wie möglich in der Arbeitswelt bleiben. In Bezug auf die älteren Mitarbeitenden können grundsätzlich die folgenden Aussagen gelten: wer gesund ist, arbeitet eher länger. Wer einer Forschungstätigkeit, einer intellektuell herausfordernden Arbeit oder einer Tätigkeit mit unternehmerischem Handlungsspielraum nachgeht, arbeitet nicht selten nach dem ordentlichen[1] Rentenalter weiter.

---

[1]   Mit ordentlichem Rentenalter meinen die Autoren das AHV-Alter, welches in der Schweiz derzeit für Frauen bei 64 Jahren und für Männer bei 65 Jahren liegt. In Abb. 3 wurde nach dem «offiziellen Rentenalter» gefragt. Gemeint ist das zuvor definierte «ordentliche» Rentenalter.

Der durchschnittliche Arbeitnehmer sehnt sich in der Regel oft nach frühem Loslassen, sprich Frühpensionierung. Ergebnisse der Befragung des Instituts für Organisation und Personal (IOP) der Universität Bern in einem grossen Schweizer Unternehmen (fast 2800 Befragte) mit einer schweiztypischen Arbeitnehmerschaft aus dem Jahre 2005 zeigen deutlich, dass die Mehrheit der Befragten eine Frühpensionierung anstrebt (vgl. Abbildung 3).

Abb. 3:
Wunsch nach
Frühpensionierung
und Weiterarbeit
im Rentenalter
(nach Moser, Thom,
& Schüpbach,
2005, S. 24)

Möchten Sie frühpensioniert werden?

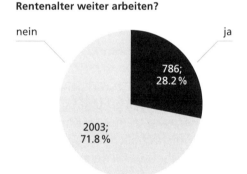

Möchten Sie auch nach dem offiziellen Rentenalter weiter arbeiten?

Eine solche Verteilung sendet für die Unternehmen ein deutliches Signal aus: Viele Unternehmen haben ineffiziente Motivations- und Personalerhaltungskonzepte in Bezug auf die älteren Mitarbeiter. Insbesondere hinsichtlich der Work-Life-Balance bestimmen oft das Alter und andere individuelle Faktoren wie Vitalität, Leistungsfähigkeit und Gesundheit den Wunsch nach mehr oder weniger Arbeit. Abgesehen von den individuellen Faktoren, die nur teilweise beeinflussbar sind, gibt es betriebliche bzw. institutionelle Faktoren, welche den längeren Einsatz im Unternehmen günstig beeinflussen. Das können bspw. die Wettbewerbsfähigkeit des Unternehmens, die Arbeitgeberattraktivität oder die Unternehmenskultur (als gelebtes Wertesystem) sein.

Um den älteren Mitarbeitenden mehr Arbeitszufriedenheit in der Schlussphase ihres Einsatzes für das Unternehmen zu ermöglichen, um eine bessere Nutzung der Arbeitsfähigkeit älterer Personen zu erreichen, und um die sog. kristalline Intelligenz[2] für die Erreichung der Unternehmensziele einzusetzen, müssen Unternehmen sich intensiver mit der Erhaltung älterer Mitarbeitenden auseinandersetzen. Grosse Unternehmen mit breit gestreutem Aktionariat haben dabei die Möglichkeit, gezielt von einigen Familienunternehmen zu lernen. Angesichts der spezifischen Rollenverteilung in Familienunternehmen fällt es oft schwer, Angestellte und vor allem Führungskräfte im üblichen Pensionsalter loszulassen. Nicht wenige Familienunternehmen sind anderen Unternehmen in Personalplanung, Personaleinsatz und Personalerhaltungsmassnahmen in Bezug auf die älteren Mitarbeitenden teilweise überlegen. Sie streben einen optimalen Generationenwechsel an, indem sie Freude am gelungenen Rollenwechsel in einem bestimmten Alter ermöglichen (vgl. einige Fallbeispiele in der IOP-Studie von Rentsch, 2011).

Generation Y – Nachwuchskräfte von morgen

Wie bereits erwähnt, wird in den nächsten zehn Jahren (bei unveränderter Migrationsrate) das Angebot an qualifizierten Arbeitskräften kontinuierlich zurückgehen und gemäss einem pessimistischen Szenario ab 2020 zu praktisch leeren «Talent Pipelines» führen. Immer öfter wird in diesem Kontext der Begriff Generation Y verwendet. Die ursprünglich aus dem anglo-amerikanischen Raum stammende Bezeichnung für junge Personen, die nach 1980 geboren wurden, findet heute immer mehr in Europa und nicht zuletzt auch in der Schweiz Verbreitung. Je nach Autor und Land, schwanken die genauen Jahresgrenzen dieser Generationskohorte. Diese Generation erhielt ganz verschiedene Termini in der Fachliteratur, etwa Millenials, Digital Natives, Dotcom Generation, Facebook Generation, Net Generation,

---

[2] Die kristalline Intelligenz umfasst alle Fähigkeiten, die im Laufe des Lebens erlernt bzw. durch die Umwelt bestimmt werden.

Nexters usw. Aus der Generation Y kommt zweifellos die Arbeitskraft der Zukunft. Schon heute gehört jeder fünfte Mitarbeiter zu dieser Millennium-Generation. Obwohl einige Autoren (z.B. Tapscott, 2009; Tulgan, 2009) der universalistischen «Global Generation Theory» behaupten, dass die Vertreter der jungen Generation weltweit ähnliche Erwartungen an ihre ersten Arbeitgeber haben, bestätigen Studien das Vorhandensein von Unterschieden je nach Herkunftsregion der Generationsvertreter.[3]

Allgemein verbreitet sind folgende Aussagen zur Kennzeichnung der jungen Generation: Die Generation Y wuchs in der Zeit der Globalisierung und Digitalisierung auf. Sie hat hohe Kenntnisse im Umgang mit digitalen Medien erworben und ist innerhalb von sozialen und professionellen Netzwerken sehr aktiv. Diese Generation zeichnet das Motto «work to live» aus, welches u.a. für Spass und Freude an der Arbeit steht. Die Generation Y ist leistungsorientiert, wünscht sich aber auch an dieser Leistung gemessen zu werden: «nine to five» Präsenz im Büro ist für Vertreter dieser Generation eher untypisch. Wertschätzung empfinden Angehörige dieser Generation durch das Angebot an flexiblen Arbeitszeiten, durch welche sie ihre schwankende persönliche Work-Life-Balance immer wieder ausgleichen können. Gen Y-er verstehen die Arbeit als unabdingbaren Teil des Lebens, welchen sie bis zu einem gewissen Grad selber gestalten wollen, indem unter der Bedingung der Einhaltung von Fristen und Terminen, eine flexible Gestaltung eigener Arbeitszeiten möglich ist.

Diese anspruchsvolle Nachwuchsgeneration stellt die Autorität älterer Mitarbeiter sowie formale Hierarchien und Dienstwege in Frage. Oft wollen Gen Y-er nicht verstehen, warum ab einem bestimmten Dienstalter automatisch verschiedene Lohnzulagen garantiert werden. Für die Generation Y hat Loyalität eine andere Dimension: nicht die Dauer der Betriebszugehörigkeit muss gefördert werden, sondern die Arbeitseffizienz. Daher zeichnen sich die Vertreter der Generation Y primär durch die Loyalität ihrer Aufgabe und ihrem Team gegenüber aus und weniger gegenüber dem Unternehmen (Arbeitgeber). Weiter wird schnelles Feedback in jeder Situation erwartet. Der Corporate Social Responsibility (gesellschaftlichen Verantwortung von Unternehmen) wird erhebliche Bedeutung beigemessen. Ein stark ausgeprägter Wunsch nach ethischen Handlungen im Unternehmen selbst sowie der

---

3 Vgl. IOP-Dissertation von Elena Hubschmid «Shaping Efficient Employer Branding Strategies to Target Generation Y: A Cross-National Perspective on Recruitment Marketing»; Peter Lang Verlag, Bern et al. 2012 (im Druck).

Gesellschaft und anderen Stakeholdern gegenüber, wird der Generation Y häufig zugeschrieben. Die Vertreter der Generation Y sollen in stärkerem Masse davon überzeugt sein, dass ein Unternehmen der Gesellschaft, welche dessen Existenz und Funktionieren ermöglicht, etwas zurückgeben soll. Dabei zählen sie auf die transparente Kommunikation seitens des Arbeitgebers und reagieren auf übertriebenes «story-telling» eher kritisch. Der externe Employer Brand (Arbeitgebermarke) muss dem internen (erlebte Arbeitgebermarkenrealität) entsprechen: Auf der Suche nach authentischen Informationen gelangen Gen Y-ers über ihre Netzwerke an bereits angestellte Mitarbeitende im Unternehmen und können somit sehr schnell in Erfahrung bringen, ob die Authentizität und Wahrheitstreue in der Kommunikation seitens des Arbeitgebers gegeben ist. Dank neuen Medien und Möglichkeiten, einen potenziellen Arbeitgeber auf speziellen Plattformen im Internet bewerten zu können, haben sie ein grosses Wissen über unternehmerische Handlungen und beurteilen dementsprechend den Ehrlichkeitsgrad der Kommunikation (vgl. Thom & Hubschmid, 2011, S. 171; Hubschmid, 2011).

Weitere Erkenntnisse aus der IOP-Forschung
Altersgemischte Belegschaften und ältere Mitarbeitende

In einem der IOP-Forschungsprojekte zur Arbeitswelt in der Schweiz (Moser, Thom, Bigler, & Brunnschweiler, 2007, S. 67) wurde eine Clusteranalyse bei 2973 Befragten zur Identifizierung von Mitarbeitergruppen durchgeführt, in welcher der Stellenwert folgender drei Dimensionen (1) Freizeit, (2) Familie und (3) Arbeit (bzw. deren Kombinationen) unter Angehörigen verschiedener Generationen eruiert wurde. Der erste Cluster (404 von 2973 Antwortenden) umfasst Mitarbeiter, für welche die Arbeit im Zentrum steht. Es kann hier auch von sog. «workaholics» gesprochen werden. Vertreter des zweiten Clusters suchten vor allem nach der Vereinbarkeit von Familie und Arbeit (533 von 2973). Für Vertreter des dritten Clusters stand die Freizeit im Mittelpunkt (346 von 2973). Vertreter dieses Clusters sehnten sich überspitzt formuliert nach einer freizeitorientierten Schonhaltung. Im vierten Cluster ging es ausschliesslich um die Kombination «Familie und Freizeit» (587 von 2973). Die equilibrierten Arbeitnehmer bildeten den fünften Cluster (1103 von 2973). Sie empfanden sich selbst aufgrund ausgewogener Verteilung von Arbeit, Freizeit und Familie als die gesündesten Arbeitnehmer. Die Cluster enthalten Personen aller Altersstufen. Dies belegt, dass das Alter allein nicht zur Typisierung von Mitarbeitergruppen ausreicht.

In einer weiteren IOP-Studie (Moser et al., 2005, S. 25), wurden Mitarbeitende unterschiedlichen Alters nach ihren Assoziationen mit dem Adjektiv «alt sein» befragt. Am stärksten werden positive Eigenschaften genannt (wie z.B. erfahren, gelassen, weise und tolerant), aber auch negative Merkmale werden angeführt (z.B. langsam, müde, stur), allerdings in signifikant niedrigerer Ausprägung. Daraus ergeben sich folgende Implikationen: Die Stärken der älteren Mitarbeiter gilt es zu nutzen, die Schwächen sind zu kompensieren. Insbesondere ist darauf zu achten, dass die Lernbereitschaft lebenslang gefördert wird.

Bei der Analyse von Ursachen für das vorzeitige Ausscheiden konnten bei der Gruppe der 60- bis 65-Jährigen folgende Hauptgründe für das vorzeitige Verlassen des Arbeitsmarktes identifiziert werden: freiwilliges Ausscheiden (30 Prozent); Entlassung durch den Arbeitgeber (27 Prozent); gesundheitsbedingtes Ausscheiden (23 Prozent); Demotivation oder schlechte Arbeitsbedingungen (15 Prozent); Arbeitsunfähigkeit (5 Prozent). Erstaunlich ist der hohe Prozentsatz solcher Ursachen, welche durch die Unternehmenspolitik und Personalmanagementmassnahmen beeinflussbar sind. Konzepte wie Betriebliches Gesundheitsmanagement (vgl. Osterspey, 2011) können den Unternehmen helfen, die Ursachen wie vor allem das gesundheitsbedingte Ausscheiden, Arbeitsunfähigkeit sowie Demotivation zu bekämpfen. Es besteht ein vielfacher Handlungsbedarf, um das menschliche Leistungsvermögen auch im fortgeschrittenen Erwerbsalter zu fördern.

Generation Y

Im Rahmen des IOP-Dissertationsprojektes von Elena Hubschmid konnte Ende 2011 statistisch belegt werden, dass fortgeschrittene Studierende der Wirtschaftswissenschaften sehr stark durch die sog. Generation Y attitudes geprägt sind. Diese Gen Y attitudes stellen eine prägnante Einflussgrösse in Bezug auf die Anstellungserwartungen der jüngeren Mitarbeiter dar. Es wurden in dieser Studie die Gewichtung von nationalen Unterschieden (deutschschweizerische und russische Kultur) und der Gemeinsamkeiten der Generation Y in Bezug auf die Anstellungserwartungen an potenzielle Arbeitgeber gemessen. Neunzehn mögliche Attribute, die gemäss der Fachliteratur für die Attraktivität einer Arbeitgebermarke von grosser Bedeutung sind, wurden zur Analyse herangezogen, aus welchen sich das ganzheitliche Konstrukt eines Employer Brands zusammensetzt. Die Mehrzahl der befragten Hoch-

schulabsolventen (N=459[4]) schreiben solchen Attributen wie gute Refe-
renz für die zukünftige Karriere (80 Prozent der Befragten); Unternehmenskultur mit ausgeprägtem Respekt gegenüber der Individualität
jedes einzelnen Mitarbeiters (82 %); herausfordernde Tätigkeit (77 %);
flexible Arbeitsbedingungen (72 %); eine gute Work-Life-Balance (84 %);
eine freundliche Arbeitsatmosphäre (91 %); Sponsoring von professio-
nellem Training und Entwicklung (78 %) und Führungsmöglichkeiten
(76 %) eine grosse Bedeutung zu.

Tab. 2:
Wichtige Attribute
einer Arbeitgeber-
marke aus der
Sicht von an-
gehenden Hoch-
schulabsolventen
(Schweiz/Russland)
(Hubschmid, 2012)

Attribut einer Arbeitgebermarke	Prozent der befragten Hochschulabsolventen, welche dem Attribut eine hohe Wichtigkeit zuschreiben
Prestige	55 %
Gute Referenz für zukünftige Karriere	**80 %**
Hohes Niveau von Corporate Social Responsibility	66 %
Kultur, welche die Individualität respektiert	**82 %**
Kultur, welche die Diversität unter Mitarbeitenden schätzt	61 %
Kultur, welche die Gleichstellung der Geschlechter unterstützt	63 %
Kultur, welche unterrepräsentierte Minderheiten akzeptiert	46 %
Eine herausfordernde Tätigkeit	**77 %**
Möglichkeiten für Umzug ins Ausland sowie Reisen	53 %
Ein sicherer Job	67 %
Flexible Arbeitsbedingungen	**72 %**
Eine gute Work-Life-Balance	**84 %**
Attraktiver Standort	59 %
Freundliche Arbeitsatmosphäre	**91 %**
Leistungsbezogene Bonuszahlung	61 %
Sponsoring von professionellem Training und Entwicklung	**78 %**
Persönliches mentoring/coaching	66 %
Führungsmöglichkeiten	**76 %**
Gute Möglichkeiten für einen schnellen Berufsaufstieg	67 %

---

[4] Davon 225 Deutschschweizer (112 Frauen und 113 Männer) und 234 Russen (154
Frauen und 80 Männer).

Aus Tabelle 2 wird ersichtlich, worauf Arbeitgeber besonders bei der Kommunikation und Ausarbeitung des Personalgewinnungskonzepts gezielt für jüngere Nachwuchskräfte dieser Ausbildungsstufe und Fachrichtung Wert legen sollten.

Fazit

Es ist beachtliche empirische Evidenz dafür vorhanden, dass sowohl ältere als auch jüngere Mitarbeitende sich durch eine Reihe von typischen Generationenbesonderheiten unterscheiden. Zugleich kann das Alter allein nicht für unterschiedliche Wertorientierungen verantwortlich gemacht werden. Die Autoren gehen davon aus, dass auch der subjektive Alterungsprozess generationenspezifisch ist. Die Generation Y wird das Älterwerden anders wahrnehmen als heutige Mitarbeitende, welche die Altersgrenze von 55+ Jahren schon überschritten haben.

Die Schweizer Wirtschaft benötigt leistungsfähige ältere und motivierte jüngere Mitarbeitende. Daher ist permanentes Streben nach effizienter Zusammenarbeit zwischen jüngeren und älteren Mitarbeitenden zu fördern. Systematische Mitarbeiterförderung von beiden Altersgruppen ist entscheidend für den Erhalt der Motivation und das Ermöglichen effizienter intergenerationeller Zusammenarbeit. Die jeweils «altersgerechte Weiterbildung» ist Voraussetzung für die Arbeitsmarktfähigkeit älterer und Loyalität jüngerer Mitarbeiter. Investitionen in die Weiterbildung beider Altersgruppen lohnen sich, denn sie helfen die Fluktuation gering zu halten und dienen der Erhöhung der Produktivität. Nicht zuletzt sorgen sie dafür, dass ältere Mitarbeiter gemäss eigenem Lebensentwurf länger im Unternehmen bleiben wollen und können.

Eine Integration in ein ganzheitliches Personalmanagementkonzept (vgl. Thom 2001, S. 117 ff.) bei der Ausgestaltung der intergenerationellen Zusammenarbeit und dementsprechend eine sorgfältige Planung aller Personalmassnahmen ist erforderlich. Ansatzpunkte in zahlreichen Personalfunktionen (z.B. Personalentwicklung, Personaleinsatz, Personalerhaltung) auf allen Altersstufen unter Einbezug beider Geschlechter müssen klar definiert sein. Den zentralen Punkt dabei bildet das Eruieren der Bedürfnisse der Mitarbeitenden aller Altersgruppen, welche durch Instrumente wie Mitarbeitergespräche und Belegschaftsbefragungen präzisiert und immer wieder aktualisiert werden können.

Die Personalmanager werden in den nächsten Jahren in Anbetracht der oben beschriebenen Tendenzen sich bemühen müssen, altersgemischte Teams zusammen zu bringen und sie zu einer effizienten Zusammenarbeit zu bewegen. Dafür müssen die Personalspezialisten und -manager möglichst schnell übergreifende Netzwerke etablieren, in welchen Arbeitnehmer verschiedener Generationen ihr Wissen austauschen und voneinander lernen können. Dadurch wird vor allem intergeneratives Verständnis, Einfühlungsvermögen und Toleranz für Unterschiede gefördert. Denn Talente haben Mitarbeiter aller Alterskategorien. Um diese zu fördern, muss eine entsprechende Basis vorhanden sein, welche im Unternehmen vor allem durch eine wertschätzende Unternehmenskultur gebildet wird.

Literatur

BFS: Bundesamt für Statistik, 2010: *Altersaufbau der Bevölkerung*. URL: http://www.bfs.admin.ch/bfs/portal/de/index/themen/01/02/blank/key/alter/nach_geschlecht.html, 21. Februar 2012.

Eisner, S., 2005: *Managing Generation Y*. In: SAM Advanced Management Journal, 14/4, S. 4 –15.

Hubschmid, E., 2011: *Shaping Efficient Employer Branding. Generation Y's Employment Expectations: A Cross-Cultural Perspective on Human Resource Marketing*, Arbeitsbericht Nr. 96 des IOP der Universität Bern, Bern.

Hubschmid, E., 2012: *Shaping Efficient Employer Branding Strategies to Target Generation Y: A Cross-National Perspective on Recruitment Marketing*, Dissertation am IOP, Bern et al. (im Druck).

Moser, R./Thom, N./Schüpbach, S., 2005: *Career- and Lifestylemanagement. Konzept – Empirie – Gestaltungsempfehlungen*, Arbeitsbericht Nr. 79 des IOP der Universität Bern, Bern.

Moser, R./ Thom, N./ Bigler, G./ Brunnschweiler, M., 2007: *Work-Life-Balance. Theorie – Modelle – Nutzenanalyse*, Arbeitsbericht Nr. 81 des IOP der Universität Bern, Bern.

Osterspey, A., 2011: *Betriebliches Gesundheitsmanagement: Erste Forschungsergebnisse aus einer qualitativen Fallstudie innerhalb der Schweizerischen Post*, Arbeitsbericht Nr. 100 des IOP der Universität Bern, Bern.

Rentsch, C., 2011: *Nachfolgeregelung in Unternehmen: Konzeptionelle Grundlagen – Fallstudien – Gestaltungsempfehlungen*, Arbeitsbericht Nr. 98 des IOP der Universität Bern, Bern.

Tapscott, D., 2009: *Grown Up Digital: How the Net Generation is Changing Your World*, New York.

Thom, N./Hubschmid, E., 2011: *Zielgruppenorientiertes Employer Branding – der Schlüssel zur effizienten Personalgewinnung*. In: Career Starter, hrsg. v. Martine Willame, 15. Ausgabe, S. 171–173.

Thom, N., 2001: *Personalmanagement – Überblick und Entwicklungstendenzen*. In: Excellence durch Personal- und Organisationskompetenz, hrsg. v. Norbert Thom und Robert J. Zaugg, Bern, S. 117–131.

Tulgan, B., 2009: *Not Everyone Gets a Trophy: How to Manage Generation Y*, San Francisco.

Strapazierte familiale Generationensolidarität?
Pflegende Töchter und Söhne im Spannungsfeld zwischen Sollen und Können

Pasqualina Perrig-Chiello

Gesellschaftliche und familiale Erwartungen an die familiale Solidarität

In einer Gesellschaft, in welcher die Lebenserwartung stetig steigt und die Familie sich in einem grundlegenden Wandel befindet, hat das Thema der familialen Solidarität notgedrungen einen prioritären, ja kritischen, Stellenwert. Selbst wenn die Lebenserwartung in gesunden Jahren in der Schweiz signifikant zugenommen hat, so ist die letzte Phase des Lebens, das hohe Alter, nach wie vor für eine Mehrheit der Menschen eine Phase der Fragilisierung und der Pflegebedürftigkeit. Dies ist nicht nur eine Herausforderung für die Betroffenen selbst, sondern auch für ihre Angehörigen. Familiale Hilfs- und Pflegeleistungen werden in unserem Land erwartet – und sie wurden bislang in der Regel auch erbracht (Perrig-Chiello, Höpflinger, & Suter, 2008). Ähnlich wie im benachbarten Ausland zeichnet sich die Schweiz durch eine Familienideologie aus, welche die Verantwortung und Hilfeleistung Angehöriger hoch bewertet und die stationäre Pflege als nicht erstrebenswert erachtet. In der Schweiz lebt nur ein Fünftel der über 80-Jährigen in einem Alters- oder Pflegeheim (Höpflinger, Bayer-Ogelsby, & Zumbrun, 2011). Die Leute wollen, wenn immer und so lang wie möglich, in den eigenen vier Wänden ihren Lebensabend verbringen – trotz oder gerade im Falle von Krankheit und Behinderung. Das Verbleiben im eigenen Heim bedeutet gerade für pflegebedürftige Menschen nicht nur Wahrung der eigenen Intimsphäre, sondern auch die Möglichkeit, das Leben nach eigenen Rhythmen und Vorstellungen zu gestalten. Um aber ein Verbleiben in gewohnter Umgebung auch bei zunehmenden gesundheitlichen Problemen zu ermöglichen, sind Hilfestellungen unabdingbar. In erster Linie sind es die pflegenden Angehörigen, die gefordert sind und die mit entsprechenden Erwartungen konfrontiert werden. Rund 80 Prozent aller zu Hause lebenden älteren Pflegebedürftigen werden denn auch von ihren Haushaltsmitgliedern unterstützt und betreut. Diese Arbeit wird mehrheitlich von Frauen erbracht, in erster Linie von den Partnerinnen, mit steigendem Alter der pflegebedürftigen Person vornehmlich von den Töchtern und zunehmend auch von Söhnen (Perrig-Chiello & Höpflinger, 2012). Dieser Beitrag will vor allem die Situation pflegender Töchter und Söhne ausleuchten, denn gerade von ihnen wird die familiale Generationensolidarität primär eingefordert. Welche Ansprüche, Motive und Belastungen sind mit der familialen Hilfe und Pflege verbunden? Wie gut funktioniert diese familiale Solidarität – und ist auch in Zukunft mit ihr zu rechnen?

Hohe Ansprüche und schwierige Realisierungsmöglichkeiten

Psychologisch gesehen gehört die Auseinandersetzung mit der Pflegebedürftigkeit und dem Tod der eigenen Eltern zu den normativen Entwicklungsaufgaben von Frauen und Männern im mittleren Lebensalter (die meisten Menschen im Alter zwischen 40 und 60 Jahren in unserer Gesellschaft sind mit dieser Realität konfrontiert). Diese Aufgabe bedeutet in erster Linie, sich der Endlichkeit des Lebens der eigenen Eltern bewusst zu werden (Ablösungs- und Abschiedsphase). Sie impliziert aber auch eine zunehmende Konfrontation mit dem Abhängigwerden der Eltern und der damit verbundenen Notwendigkeit und Erwartung, Hilfe zu leisten. Die damit assoziierte Neudefinition der Rolle als erwachsenes Kind impliziert auch die Erkenntnis, dass die eigenen Eltern keinen Schutz mehr bieten können – im Gegenteil, viele Eltern bedürfen nun selber des Schutzes durch ihre erwachsenen Kinder. Nicht selten wird dieser Prozess der Überwindung der «Illusion der Sicherheit durch die Eltern» als schwierig und schmerzhaft empfunden. In diesem Zusammenhang wird in der Entwicklungspsychologie von «filialer Krise» gesprochen (Blenkner, 1965). Idealerweise gelingt es, nach einer Phase der krisenhaften Konfrontation mit dem Verlust des gewohnten Elternbildes und der Verarbeitung desselben, zu einem neuen Zustand zu gelangen, nämlich zur «filialen Reife» (Marcoen, 1995). Im Zuge eines neuen Rollenverständnisses und adaptierter Kommunikationsformen gelingt es dem erwachsenen Kind zunehmend, seinen Eltern zu helfen und zugleich Grenzen zu setzen, ohne Schuldgefühle zu entwickeln. Der Zustand der filialen Reife ist ein Idealzustand. Nicht selten treffen wir in Realität viel eher ambivalente Einstellungen zu den eigenen Eltern – Pflichtgefühl und Hilfsbereitschaft stehen in Konkurrenz zur Selbstrealisierung eigener Bedürfnisse, aber auch zu den objektiv gegebenen Möglichkeiten (Wohn- und Arbeitsverhältnisse, Partnerschaft, etc.) (Perrig-Chiello, 2011). Im Zeitalter der Individualisierung wird dies immer mehr zur Zerreissprobe, die bei vielen sowohl psychisch als auch physisch Spuren hinterlässt, nämlich Schuldgefühle, Ressentiments und psychische wie auch physische Beschwerden.

Eigenen Forschungsergebnissen zufolge erleben viele Leute mittleren Alters in der Tat eine beträchtliche Ambivalenz gegenüber elterlichen und gesellschaftlichen Erwartungen bezüglich familialer Solidarität und Hilfe (Perrig-Chiello & Sturzenegger, 2001). Im Rahmen einer nationalen Studie (SwissAgeCare-Studie und AgeCare-Suisse-Latine)[1] haben wir zudem die Situation pflegender Söhne und Töchter von älteren Angehörigen in der Schweiz ausleuchten können (203 pflegende Töchter und Söhne; ein Drittel Söhne, zwei Drittel Töchter; Durchschnittsalter 55.7 Jahre). Unter den Befragten scheint weitgehend Konsens darüber zu herrschen, dass erwachsene Kinder gegenüber ihren alten Eltern Verpflichtungen haben und diese auch erfüllen sollten. Die Mehrheit (85 Prozent) ist der Meinung, dass es ihre Pflicht ist, ihren Eltern zu helfen, wenn diese Unterstützung brauchen und sie um Hilfe bitten. Etwas mehr als die Hälfte empfindet jedoch, dass ihre Eltern zu viel von ihnen erwarten und die erbrachte Hilfeleistung zu wenig geschätzt wird (je 55 Prozent). Zudem fühlen sie sich mit dieser Aufgabe von anderen Familienangehörigen (Geschwister usw.) oft allein gelassen (70 Prozent). All das kollidiert mit ihrem zunehmenden Autonomiestreben: Die Leute geben an, dass sie eigentlich nur ungern mehr Zeit für die eigenen Eltern aufwenden; schliesslich hätten sie auch ihr eigenes Leben (dieser Ansicht waren 80 Prozent der Befragten). Insbesondere die Frauen (rund die Hälfte) beklagen, dass die Eltern nicht realisieren würden, dass sie sich auch um die eigene Familie und den eigenen Partner kümmern müssen. Insgesamt gesehen werden ganz offensichtlich trotz ambivalenten Gefühlen, grossem Arbeitsaufwand und hoher Belastung nach wie vor in bedeutsamem Umfang Hilfs- und Pflegeleistungen erbracht, insbesondere von Frauen (Perrig-Chiello & Höpflinger, 2012).

Erbrachte Hilfe und häufig assoziierte Belastungen

Hilfe und Pflege älterer Angehöriger ist eine komplexe Aufgabe (tägliche Verrichtungen, Haushalt, emotionale und soziale Unterstützung, Organisation von finanziellen Angelegenheiten, von Transport, etc.), welche zwar je nach Schweregrad des Pflegefalles variiert, aber in der Regel mit viel Zeitaufwand über eine lange Dauer verbunden ist. Wie die SwissAgeCare-Studie aufzeigen konnte, dauert das durchschnitt-

---

[1] Swiss-AgeCare 2010 und AgeCare-Suisse latine, siehe unter www.spitex.ch/Publikationen/Studien

liche Pflegeverhältnis bei Partnerinnen und Partnern rund sechs Jahre, bei den pflegenden Kindern rund fünf Jahre. Im Schnitt investieren die pflegenden Partnerinnen und Partner nach eigenen Angaben wöchentlich 64 Stunden in die Hilfe und Pflege. Bei den Söhnen und Töchtern ist die entsprechende Anzahl Stunden zwar geringer (27 Stunden bei den Söhnen, 34 Stunden bei den Töchtern), in Anbetracht der vielen Verpflichtungen, die Frauen und Männer in den mittleren Jahren üblicherweise haben, handelt es sich aber doch um eine beträchtliche Zeitinvestition. Zwei Drittel der Söhne und Töchter sind nämlich noch berufstätig. Bei über der Hälfte der Söhne scheint sich die Pflegesituation nicht auf den Beruf auszuwirken. Anders bei den Töchtern: Nur bei knapp einem Viertel hat das Pflegeverhältnis keine Auswirkungen auf die Berufstätigkeit. Über die Hälfte reduzierte ihr Arbeitspensum und 16 Prozent gaben ihren Beruf ganz auf. Allen gemeinsam ist – ob Partner oder Kinder –, dass sie praktisch mindestens doppelt so viel Zeit in die Pflege von Angehörigen investieren als sie eigentlich möchten bzw. ohne berufliche Einschränkungen könnten (Perrig-Chiello & Höpflinger, 2012).

Trotz des grossen Zeitaufwandes und der Diskrepanz zwischen Wunsch und Wirklichkeit kommt der weitaus grösste Teil der pflegenden Angehörigen nach eigenen Angaben mit der Aufgabe im Grossen und Ganzen gut zurecht. Fragt man allerdings ganz spezifisch nach den konkreten Auswirkungen der Pflege auf das eigene Leben, zeigt sich ein differenziertes und nicht so rosiges Bild. Es sind vor allem die pflegenden Töchter, die am meisten negative Auswirkungen geltend machen, namentlich auf die Gesundheit und auf die psychische Verfassung. Sie beklagen zudem auch, häufig das Gefühl zu haben, gefangen zu sein. Probleme im engsten Familienkreis (Partner/Partnerin und Kinder) werden sowohl von Töchtern wie auch von Söhnen unter allen Belastungen am häufigsten geltend gemacht. Zu Spannungen kommt es weniger zwischen Partnern und Partnerinnen als vielmehr beim Pflegeverhältnis Tochter/Sohn und ihren Eltern. Vor allem Töchter fühlen sich häufig chronisch gestresst und überlastet und geben an, dass die Eltern zu wenig darauf Rücksicht nehmen, dass sie auch noch eine eigene Familie haben. Unterstützung erfahren pflegende Angehörige durch Kinder oder Geschwister, die aber kaum pflegerische Handlungen übernehmen. So beklagt etwas mehr als die Hälfte der pflegenden Töchter, dass es für sie schwierig sei, im Falle einer eigenen Erkrankung einen Ersatz für die Pflege der Eltern zu finden. Weiter geben rund zwei Drittel an, eine Auszeit nötig zu haben, während bloss die Hälfte davon jemanden hat, auf den sie zurückgreifen kann (Perrig-Chiello & Höpflinger, 2012).

Die vielen Verpflichtungen und die empfundene hohe Verantwortung wirken sich unweigerlich auf die körperliche und psychische Gesundheit aus. Aus der Forschungsliteratur ist hinreichend bekannt, dass im Vergleich zur Gesamtbevölkerung pflegende Angehörige bedeutsam mehr körperliche und psychische Beschwerden haben (Kuhlmey, 2003). Besonders ausgeprägt sind Symptome allgemeiner Erschöpfung, depressive Verstimmungen, Kopf- und Magenschmerzen sowie Herzbeschwerden. Damit assoziiert ist ein signifikant höherer Medikamentenkonsum, insbesondere von Psychopharmaka (Antidepressiva, Beruhigungsmittel). Nicht von ungefähr wird von den pflegenden Angehörigen als «hidden patients», von versteckten Patienten, gesprochen (Perrig-Chiello & Höpfliger, 2012).

Warum wird trotzdem gepflegt? Hintergründe und Motive

In diesem Zusammenhang ist nun die Frage interessant, weshalb erwachsene Kinder ihre alten, kranken Eltern versorgen und pflegen, selbst dann, wenn dadurch ihre eigenen persönlichen, partnerschaftlichen und beruflichen Interessen zurückgestellt werden müssen. Die Ergebnisse des SwissAgeCare-Projekts erlauben interessante Einblicke in diese komplexe Thematik und zeigen zudem bedeutsame geschlechtsspezifische Unterschiede auf (vgl. Tabelle 1). Bei den Frauen (Partnerinnen wie Töchtern) spielen Liebe und Zuneigung die primäre

Tab. 1: Beweggründe pflegender Angehöriger zur Übernahme der Pflege (% Ja-Antworten; Mehrfachnennungen möglich)

	Partner	Partnerinnen	Söhne	Töchter
Gefühl der Verpflichtung	**98**	80	79	81
Notwendigkeit / keine Alternative	90	78	72	77
Kosten zu hoch für professionelle Pflege	69	62	55	55
Aus Liebe/Zuneigung	**98**	**98**	91	**97**
Pflege gibt ein gutes Gefühl	95	90	94	84
Pflegebedürftige(r) möchte nicht von anderer Person gepflegt werden	42	58	53	45
Moralische Verpflichtung	**98**	94	**96**	84
Religiöse Überzeugung	45	32	13	20
Zufall	46	52	42	34

Rolle, bei den Männern hingegen sind normative Einstellungen mindestens so wichtig (bei Partnern) beziehungsweise gar noch wichtiger (bei den Söhnen) als die emotionale Zuneigung (Perrig-Chiello & Höpflinger, 2012).

Diese Ergebnisse widerspiegeln die unterschiedliche Ethik der Fürsorglichkeit von Frauen und Männern. Bei Frauen sind Liebe und Zuneigung entscheidend, bei Männern hingegen scheint die Prinzipientreue mindestens so zentral zu sein wie Gefühle. Aktuelle Forschungsergebnisse kommen zum Schluss, dass die bislang gefundenen grossen Geschlechterunterschiede sich zunehmend aufweichen und sich eine ansteigende Tendenz der Söhne zur familialen Hilfeleistung abzeichnet (Perrig-Chiello & Höpflinger, 2012). Mögliche Gründe hierfür könnten sein, dass immer weniger Töchter vorhanden sind, welche die Hilfe und Pflege übernehmen (sei es aufgrund der höheren Mobilität oder des vermehrten beruflichen Engagements). Fakt ist, dass Söhne oft erst dann helfen, wenn keine Töchter da sind, welche die Hilfe und Pflege alter Eltern übernehmen; dann werden die Söhne mit denselben Hilfsaufgaben konfrontiert wie helfende und pflegende Töchter.

Exkurs: Inter- und intragenerationelle familiale Hilfe und Pflege – eine weibliche Angelegenheit?

Aus der Genderperspektive betrachtet, bestätigen die bisher dargelegten Ausführungen das traditionelle Bild der Frau als Helfende und Pflegende. Frauen übernehmen über die gesamte Lebensspanne hinweg den Hauptanteil an familialer Pflegearbeit – sie sind dann aber im hohen Alter oft selber auf fremde Hilfe angewiesen. Zum einen sind im Alter mehr Frauen als Männer pflegebedürftig, was primär auf Altersstruktureffekte zurückzuführen ist (mehr Frauen als Männer erreichen ein hohes Alter) und auf die Tatsache, dass pflegebedürftige Frauen länger überleben als gleich stark betroffene Männer. Zum anderen leben Frauen im Alter öfter alleine als Männer, denn nach einer Scheidung oder nach einer Verwitwung leben Frauen bedeutsam seltener in einer Partnerschaft als Männer. All dies führt dazu, dass Frauen im Alter in verstärktem Ausmass auf informelle und formelle Hilfe angewiesen sind (Perrig-Chiello & Höpflinger, 2012). Dies zeigt sich beispielsweise bei den ambulanten Pflegeleistungen (z.B. durch die Spitex). So machen gemäss Gesundheitsbefragung 2007 die Frauen bei den über 65-Jährigen, welche die Spitex in den letzten 12 Monaten beansprucht haben, die grosse Mehrheit aus, namentlich 74%. Des weiteren leben deutlich mehr Frauen als Männer im hohen Lebensalter in Alters- und Pflegeheimen (Höpflinger et al., 2011). Neben dem Geschlecht sind jedoch auch andere Faktoren mit einem höheren Institutionalisierungsrisiko verbunden, wie etwa Kinderlosigkeit oder tiefes Bildungsniveau. Bei der heutigen Generation alter Frauen zeigt sich eine Potenzierung von Faktoren (häufiger Verlust des Ehegatten und gleichzeitig schlechtere Ausbildung). Frauen stellen somit in der häuslichen Pflege sowohl die Mehrheit bei den Pflegebedürftigen als auch bei den Pflegenden. Interessant ist vor allem, dass Frauen scheinbar unbeirrt familiale Pflegearbeit übernehmen, obwohl sie selber im Alter kaum mit einem «return on investment» rechnen können.

Pflege ist nach wie vor weiblich, doch wie lässt sich dies begründen? Es spricht vieles dafür, dass nach wie vor traditionelle geschlechtsspezifische Rollenerwartungen in Familie und Gesellschaft vorherrschen. Die Pflege der sozialen Beziehungen sowie die sozialisationstypische Aufgabe der Betreuung von Familienmitgliedern werden immer noch stark den Frauen zugeschrieben und von ihnen erwartet. Vor allem von den Töchtern wird Hilfe erwartet und eingefordert, welche in der Regel dann auch erbracht wird – ungeachtet derer familialen und beruflichen Einbindung (Perrig-Chiello & Höpflinger, 2003). Kommt hinzu, dass Frauen aufgrund ihrer Sozialisation zu einer Ethik der Fürsorglichkeit, des Mitgefühls und der Verantwortlichkeit neigen, d.h. eher als Männer dazu tendieren, unter Berücksichtigung konkreter Randbedingungen und Situationsumstände Regeln flexibel und kontextsensitiv anzuwenden, und also eher die Bereitschaft haben, die Bedürfnisse Anderer wahrzunehmen, auf sie einzugehen und mit Blick auf das Wohl Anderer Ausnahmen von Regeln zu machen, anstatt sich auf abstrakte Prinzipientreue zu berufen (Nunner-Winkler, 1991). Im Zusammenhang mit der traditionellen Rollenerwartung wird aufgrund der in der Regel geringeren Erwerbstätigkeit von Frauen eine stärkere Pflegeübernahme von Töchtern im Vergleich zu Söhnen erwartet. Dies lässt daher Frauen häufiger für Pflegeaufgaben prädestiniert erscheinen (Künemund, 2006). In ländlichen Regionen, wo eher als in städtischen traditionelle Geschlechtsrollenvorstellungen vorherrschen, wird dementsprechend ein Übergewicht an weiblichen Pflegenden erwartet. Überraschenderweise bilden Frauen dort aber selbst in der Mittelschicht die Mehrheit der Pflegenden, obwohl bei ihnen von einer stärkeren Berufsorientierung ausgegangen wird (Fassmann, 1995). Es ist eine Tatsache, dass viele Frauen zugunsten der Angehörigenpflege ihre eigene Erwerbstätigkeit einschränken oder gar aufgeben. Dies bestätigt auch eine Längsschnittanalyse von Schneider, Drobnic und Blossfeld (2001). Ähnlich wie in der SwissAgeCare-Studie zeigte sich hier, dass verheiratete Frauen eher dazu neigen, ihre Erwerbstätigkeit massiv zu reduzieren, wenn in ihrer Familie ein Mitglied pflegebedürftig wird. Dabei scheinen die zu erbringenden Pflegeleistungen dermassen belastend zu sein, dass die meisten Frauen ihre Erwerbstätigkeit in der Folge vollständig niederlegen. Nur in den wenigsten Fällen wird die Erwerbstätigkeit reduziert weitergeführt.

Die heutige Frauengeneration befindet sich mitten in einem sozialen Geschlechtsrollenwandel. Traditionelle Rollenverteilungen (männlicher Haupternährer und weibliche Hauptpflegepersonen) werden zunehmend weniger angestrebt. Immer mehr Frauen steigen in die Berufswelt ein und hegen den Wunsch nach Selbstbestimmung und finanzieller Unabhängigkeit. Aber obwohl ihre Ansprüche zur Eigengestaltung des Lebens gestiegen sind, bilden Frauen nach wie vor die Mehrheit bei der – meist unbezahlten – Angehörigenpflege. Es scheint in der Tat so, dass der herrschende moralische und gesellschaftliche Druck Frauen zurück in die alten Rollenbilder drängt, unabhängig davon wie emanzipiert sie sind. Wie sich die geschlechtliche Pflegebeteiligung in Anbetracht der steigenden Erwerbstätigkeit der Frauen sowie der zukünftig zu erwartenden geringeren Anzahl an Töchtern und Schwiegertöchtern entwickeln wird, werden die nächsten Jahre und Jahrzehnte zeigen.

Wie wird es in Zukunft sein?

Auch wenn innerhalb der Familien die intergenerationelle Solidarität noch funktioniert, so hat diese ihren Preis. Diesen Preis bezahlt vor allem – und zwar psychisch, physisch und sozial – die mittlere Generation, in erster Linie die Töchter. Frauen und Männer mittleren Alters befinden sich dabei nicht nur im Spannungsfeld von traditionellen und postmodernen Werthaltungen und Erwartungen, ihre komplexen familialen Verpflichtungen und gesellschaftlichen Erwartungen koinzidieren zudem mit einer Vielzahl von eigenen Veränderungen und Problemen. Viele Menschen befinden sich im mittleren Lebensalter nämlich gleichzeitig in einer Phase der vermehrten Selbstfindung und Neudefinition, etwa aufgrund anstehender lebenszyklischer biologischer und psychosozialer Veränderungen (wie Näherrücken des Rentenalters, Menopause bei Frauen usw.). Gleichzeitig haben die meisten Menschen in dieser Lebensphase weiterhin eine grosse familiale und gesellschaftliche Verantwortung inne. Viele intergenerationelle Verpflichtungen zugunsten von Kindern, Enkelkindern oder alten Eltern fallen gerade in eine Phase, in welcher der Selbstrealisierung – nach der biografischen Aufbauphase, die nicht selten mit grosser Verausgabung betrieben wurde – eine verstärkte und bei einigen Personen sogar eine entscheidende Bedeutung zukommt.

Was bedeutet dies alles für die Zukunft der familialen Generationensolidarität? Während je nach Szenario von einem mehr oder weniger starken Zuwachs der gesamten Wohnbevölkerung in der Schweiz zwischen 2000 und 2030 ausgegangen wird, ergibt sich bei allen Szenarien eine deutliche Zunahme der Gruppe der über 65-Jährigen, sowohl absolut als auch anteilmässig. Bei den Hochaltrigen ist gar nahezu eine Verdoppelung zu erwarten (Perrig-Chiello & Höpflinger, 2012). Vor diesem Hintergrund und angesichts des Spardrucks im Gesundheitswesen, dessen Kosten explosionsartig steigen, nimmt die Zahl derjenigen zu, die auf die Pflege durch Angehörige angewiesen sind. Wer wird sie pflegen? Weiterhin die Töchter und die Söhne? Diese Generation befindet sich – wie dargelegt – im Wandel: Bisher tradierte Rollenvorstellungen wie jene der pflegenden Tochter werden immer mehr in Frage gestellt. Ein Grossteil der Frauen drängt denn auch zunehmend in die Berufswelt. So ist es fraglich, ob auch in Zukunft erwachsene Töchter in demselben Umfang wie heute für die Pflege ihrer Eltern oder für die Enkelkinderbetreuung aufkommen werden wollen bzw. können. Es scheint ganz offensichtlich von wachsender Bedeutung zu sein, gesellschaftliche Rahmenbedingungen zu schaffen, in denen Pflege und Betreuungsaufgaben auch in dieser Lebensphase besser mit Erwerbsarbeit vereinbart werden können. Auf politischer Ebene wächst auch zunehmend die Einsicht, dass hier Handlungsbedarf besteht. So gibt es beispielsweise immer mehr politische Vorstösse bezüglich finanzieller Entschädigungen (inkl. Betreuungsgutschriften bei der AHV), steuerliche Entlastungen, Freistellungsmöglichkeiten oder unbezahlte Urlaube für Betreuungs- und Pflegearbeit von Angehörigen. In der Familienpolitik muss endlich realisiert werden, dass die Familie in späteren Lebensphasen ebenso wichtig ist wie die junge Familie. Denn nicht nur zu Beginn des Lebens sondern auch am Lebensende sind Menschen auf die unbedingte intergenerationelle Solidarität angewiesen.

Literatur

Blenkner M., 1965: *Social work and family relationships in late life with some thoughts on filial maturity.* In: Social structure and the family: generational relations, hrsg. v. E. Shanas & G. Streib, Englewood Cliffs, S. 46–59.

Fassmann, H., 1995: *Pflegeberatung zur Sicherung der Pflegequalität im häuslichen Bereich. Ergebnisse der Begleituntersuchung eines Modellprojektes der Techniker Krankenkasse zur Beratung von Schwerpflegebedürftigen und ihren Angehörigen,* Nürnberg.

Höpflinger, F./Bayer-Oglesby, L./Zumbrunn, A., 2011: *Pflegebedürftigkeit und Langzeitpflege im Alter. Aktualisierte Szenarien für die Schweiz,* Bern.

Kuhlmey, A., 2003: *Gesundheitsbiographien im Geschlechtervergleich.* In: Gesundheitsbiographien. Variationen und Hintergründe, hrsg. v. P. Perrig-Chiello & F. Höpflinger, Bern, S. 17–33.

Künemund, H., 2006: *Tätigkeiten und Engagement im Ruhestand.* In: Altwerden in Deutschland, hrsg. v. C. Tesch-Römer, H. Engstler & S. Wurm, Wiesbaden, S. 289–327.

Marcoen, A., 1995: *Filial maturity in middle-aged adult children in the context of parental care: Model and measures.* In: Journal of Adult Development, 2/2, S. 125–136.

Nunner-Winkler, G., 1991: *Gibt es eine weibliche Moral?* In: Weibliche Moral. Die Kontroverse um eine geschlechtsspezifische Ethik, hrsg. v. G. Nunner-Winkler, Frankfurt a.M./New York, S. 147–161.

Perrig-Chiello, P., 2011: *In der Lebensmitte. Die Entdeckung der mittleren Lebensjahre,* 5. Aufl., Zürich.

Perrig-Chiello, P./Höpflinger, F. (Hrsg.), 2003: Gesundheitsbiographien. Variationen und Hintergründe, Bern.

Perrig-Chiello, P./Höpflinger, F. (Hrsg), 2012: *Pflegende Angehörige älterer Menschen,* Bern: Huber.

Perrig-Chiello, P./Höpflinger, F./Suter, C., 2008: *Generationen – Strukturen und Beziehungen. Generationenbericht Schweiz,* Zürich.

Perrig-Chiello, P./Sturzenegger, M., 2001: *Social relations and filial maturity in middle-aged adults: contextual conditions and psychological determinants.* In: Zeitschrift für Gerontologie und Geriatrie, Special Issue «Ageing in Europe», 34/21, S. 21–27.

Schneider, T./Drobnic, S./Blossfeld, H. P., 2001: *Pflegebedürftige Personen im Haushalt und das Erwerbsverhalten verheirateter Frauen.* In: Zeitschrift für Soziologie 5/30, S. 362–382.

Ökonomie der unbezahlten Care-Leistungen

Heidi Stutz

Einleitung

Die Ökonomie ist im Kern die Wissenschaft von der Allokation knapper Güter, also von Dienstleistungen oder Gegenständen, bei denen die Nachfrage das Angebot tendenziell übersteigt. Dies trifft auch auf unbezahlte Care-Leistungen wie Pflege und Betreuung im Moment und vielleicht noch vermehrt in der Zukunft zu. Ich verwende hier den englischen Begriff Care, der handfestes sich kümmern und pflegen mit dem Gefühl von am Herzen liegen und gern haben kombiniert, während mir die deutsche Übersetzung «Sorgearbeit» zu negativ und zu gefühlsfrei scheint.

In der Ökonomie löst der Markt Missverhältnisse zwischen Angebot und Nachfrage über den Preis. Dieser steigt, wenn das Angebot die Nachfrage nicht deckt, sodass entweder die Nachfrage nach der teuren Leistung zurückgeht oder neue Anbieter den Anreiz haben, in den Markt einzutreten. Aber diese einfache Lösung führt beim Thema Care nicht zu einer gesamtgesellschaftlichen Wohlfahrtsoptimierung. Wer Pflege braucht, kann nicht jeden zweiten Tag darauf verzichten, um zu sparen. Die Nachfrage ist also weitgehend unflexibel. Und das Care-Angebot ist sowohl gratis, wenn es durch Personen aus dem nahen Umkreis geleistet wird, als auch teuer, wenn bezahlte Hilfe nötig wird. Care entzieht sich also ein Stück weit der Marktlogik. Die Ökonomie tut sich schwer mit dieser Art von Komplikationen. Care ist für sie ein sperriger Gegenstand. Es gilt hier zu zeigen, dass aus dieser Disziplin trotzdem oder vielleicht gerade deshalb, weil ihr das Thema nicht selbstverständlich erscheint, wichtige Impulse dazu beitragen, einen bewussteren Umgang mit unbezahlten Care-Leistungen im Kontext der gesamtgesellschaftlichen Wohlfahrtsproduktion, aber auch mit den Verteilungswirkungen unterschiedlicher Care-Regimes zu finden. Der Begriff der Care-Regimes bezeichnet die unterschiedlichen Möglichkeiten des Zusammenspiels von Sozialstaatsmodell und Geschlechterarrangements, deren Wirkungen von Autorinnen wie Nancy Fraser (1994), Mary Daly (2000), Jane Lewis (2007), Ann Orloff (2006) oder Kimberly Morgan (2008) und vielen anderen untersucht wurden und werden.

Doch bleiben wir strikt bei der Perspektive der Ökonomie. Hier spielen Konzepte wie Anreize, Arbeit und Wertschöpfung, Tausch, Nutzen,

Kosten sowie die erwähnte Deckung einer unflexiblen Nachfrage eine wichtige Rolle. Diesen Begriffen entlang wird die unbezahlte Care-Arbeit im Folgenden untersucht.

Anreize

Welche Anreize bestehen eigentlich, gratis Care-Arbeit zu leisten? Aus individueller Sicht ist der monetäre Arbeitsanreiz ersetzt durch einen emotionalen, durch menschliche Nähe und Verantwortungsgefühl, die ihrerseits auch auf Reziprozität und geschlechtsspezifischen Normen beruhen.

Care-Arbeit ist ja nicht immer unbezahlt. Tätigkeiten, die im privaten Rahmen gratis erbracht werden, erfolgen beispielsweise in einem Pflegeheim durch bezahltes (meist weibliches) Personal. Aber unbezahlte Arbeit hat fast immer einen Bezug zu Care. Und dass Care-Arbeitende «prisoners of love» sind, wie dies die amerikanische Ökonomin Nancy Folbre (Folbre & Bittman, 2004) ausdrückt, die eine der Pionierinnen der Care-Ökonomie ist, das macht sie auch erpressbar. Ist die Bezahlung tief oder gar nicht vorhanden, so werden Care-Arbeitende ihre Mutter, ihre Partnerin oder ihren Partner deshalb nicht liegen lassen, wenn er oder sie Hilfe braucht.

Arbeit und Wertschöpfung

Der wirtschaftliche Fortschritt basiert stark darauf, dass wir pro Arbeitsstunde durch bessere Bildung, kapitalintensivere Produktionsmethoden und technische Innovation eine immer höhere Wertschöpfung erreichen und uns deshalb tendenziell immer mehr leisten können. Doch bei Care als einer Art von Arbeit, die lange gar nicht als solche betrachtet wurde, stösst dies an Grenzen. Sie hat ihre eigene Logik (z.B. Jochimsen, 2003; England, 2005):

- **Sie ist zeitlich schlecht abgrenzbar.** Präsenz, Verantwortlichkeit und Verlässlichkeit spielen eine grössere Rolle als ununterbrochener und genau abgrenzbarer Zeiteinsatz. Belastend wirkt z.B., dass man das Haus nie verlassen und die zu betreuende Person allein lassen kann, ohne einen Ersatz zu organisieren. Unerwartetes, häufige Unterbrechungen sowie permanentes Umdisponieren erfordern eine hohe Flexibilität.
- **Sie hat nicht immer ein klar definierbares Produkt.** Emotionen und zwischenmenschliche Beziehungen sind Teil der Tätigkeit und führen

dazu, dass Produkt, Produzierende und Produktbeziehende nicht immer klar abzugrenzen sind.

- **Sie ist geprägt von multi-tasking und hohem Kommunikations- und Koordinationsbedarf.** Fast immer werden mehrere Tätigkeiten parallel ausgeführt. Gespräche sind ein Teil der Arbeit. Und da die Aufgaben oft aufgeteilt sind, müssen die Betreuenden sich absprechen. Die einzelnen Tätigkeiten ergeben ein komplexes Geflecht.

Dies alles führt dazu, dass Care-Arbeit schwer messbar und dadurch auch schwer bewertbar ist.

- **Sie schwankt zwischen Machtausübung und Dienen.** Da Menschen sich um Menschen kümmern, spielen zwischenmenschliche Abhängigkeiten und die Ambivalenz von Macht und Dienen stets eine Rolle.
- **Sie ist ökonomisch nur begrenzt optimierbar.** Care-Arbeit entzieht sich der Wachstumslogik, weil die dort wichtige Steigerung der Wertschöpfung durch kapitalintensivere Produktionsmethoden (Automatisierung, Massenproduktion) nur sehr begrenzt möglich ist. Tätigkeiten wie zuhören und Gespräche führen etwa können nicht beliebig beschleunigt werden. Menschliche Beziehungen sind nicht beliebig auswechselbar und auch nicht auf unbegrenzt viele Personen verteilbar, ohne entscheidend an Qualität einzubüssen. Die wirtschaftliche Entwicklung und der damit verbundene enorme Wohlstandszuwachs haben den Care-Bereich denn auch nicht im gleichen Masse revolutioniert wie andere Lebensbereiche.

Tausch

Ökonomie ist auch eine Wissenschaft, die sich mit Austauschhandlungen befasst und den Bedingungen, unter denen sie zustande kommen oder nicht. Nun kann unbezahlte Care-Arbeit sehr gut als eine solche Austauschhandlung unter anderen aufgefasst werden, die sich im sozialen Netz zwischen den Generationen abspielt. In der multilokalen Mehrgenerationenfamilie (Bertram, 2000) werden emotionale Unterstützung, praktische Hilfen und finanzielle Transfers getauscht. Das Tauschsystem ist auf Reziprozität hin angelegt, aber die älteren Generationen geben insgesamt eher mehr. Innerhalb der gleichen Generation beschränkt sich der «Solidarpakt» vorwiegend auf die Paarbeziehung.

Aus der Schweizerischen Arbeitskräfteerhebung (SAKE) 2007 des Bundesamts für Statistik, in der auch die unbezahlte Arbeit erhoben wird, geht hervor, dass Frauen insgesamt mehr informelle Hilfeleistungen übernehmen als Männer. Wird die Partnerin pflegebedürftig, übernehmen Männer aber ebenso Pflege und Betreuung. Der Tausch unbezahlter Hilfe ist weit verbreitet und nicht auf den eigenen Haushalt beschränkt. Ein Viertel aller ab 50-Jährigen leistet unbezahlte praktische Hilfe für Verwandte ausserhalb des Haushalts, unter den 65- bis 79-Jährigen ist es gar fast ein Drittel. Dabei geht es nicht immer um Pflege. Weit häufiger ist die Betreuung von Enkelkindern. Den grössten Zeiteinsatz bei praktischen Hilfen ausserhalb des eigenen Haushalts leisten unter 65-Jährige, also Personen, oft Frauen, die erwerbstätig sind oder sein könnten.

Pflege- und Betreuungsleistungen im eigenen Haushalt übernehmen gemäss SAKE 2007 in der Schweiz 129'650 ab 50-Jährige, das sind mehr als doppelt so viele wie ausserhalb des eigenen Haushalts (50'200). Im eigenen Haushalt steigt der Anteil Pflegender mit dem Alter, während die Hilfen ausserhalb vor allem von den 50- bis 64-Jährigen geleistet werden. Bei ihnen sind es meist die Eltern, die nun praktische Unterstützung brauchen. Die höchsten Zeitpensen leisten Frauen im Rentenalter im eigenen Haushalt. Ihre Partner sind oft ein paar Jahre älter und werden vor ihnen pflegebedürftig. Vom gesamten Zeitvolumen der unbezahlten Pflege im eigenen Haushalt übernehmen Frauen rund zwei Drittel, ausserhalb ist der Anteil höher – hier besteht noch der Vereinbarkeitskonflikt mit der Erwerbstätigkeit. Die heute über 50-jährigen Frauen haben oft schon früher familienbedingt beruflich zurückgesteckt und tun dies nun immer noch oder wieder.

Vom gesamten Zeitvolumen der Alterspflege wird gemäss aktuellen Schätzungen (Höpflinger, Bayer, & Zumbrunn, 2011) der Grossteil unbezahlt im privaten, meist familiären Rahmen geleistet. Der Anteil der bezahlten Alterspflege liegt bei 20% bis 30%. Die Unterstützung im familiären Generationennetz ist also eine sehr wichtige Ressource, die auch im Kontext sozialpolitischer Massnahmenplanungen nicht ausgeblendet werden darf. Abbildung 1 verdeutlicht das Zusammenspiel zwischen privaten und gesellschaftlichen Transfers und Unterstützungen nochmals optisch. Die blauen Pfeile symbolisieren die Vielzahl von Austauschhandlungen zwischen den Generationen, die im Privaten gleichzeitig auch als Beziehungsbausteine interpretierbar sind. Typisch ist, dass nicht nur auf privater, sondern auch auf gesellschaftlicher Ebene ein solcher Generationenaustausch stattfindet und dass die zwei Ebenen zusammenwirken, wobei viele Untersuchungen (z.B. Attias-Donfut, 2000) gezeigt haben, dass Unterstützungen auf gesell-

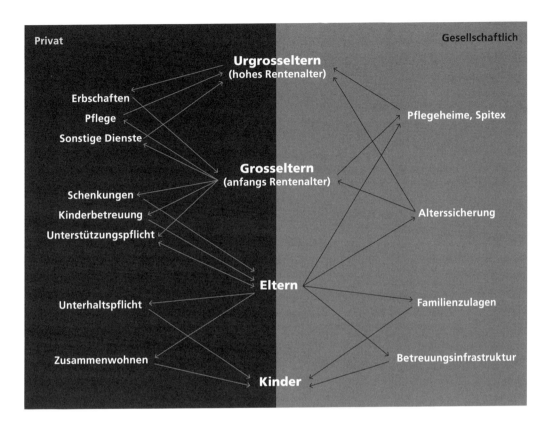

Privat

Gesellschaftlich

Urgrosseltern
(hohes Rentenalter)

Erbschaften

Pflege

Sonstige Dienste

Pflegeheime, Spitex

Grosseltern
(anfangs Rentenalter)

Schenkungen

Kinderbetreuung

Unterstützungspflicht

Alterssicherung

Eltern

Unterhaltpflicht

Familienzulagen

Zusammenwohnen

Betreuungsinfrastruktur

Kinder

Abb. 1:
Zusammenspiel
zwischen privaten
und gesellschaft-
lichen Transfers
und Unter-
stützungen

schaftlicher Ebene die private Hilfe nicht verdrängen, sondern oft erst ermöglichen. Es geht also nicht um ein entweder oder.

Charakteristisch ist auch, dass der Austausch auf der privaten Seite nicht einfach gegeben ist. Man erbt beispielsweise oder man erbt nicht. Es können auch Personen in der Generationenkette gar nicht vorhanden sein – keine Kinder beispielsweise. Zudem haben die familiären Beziehungen grundsätzlich **ambivalenten Charakter**, wie dies Kurt Lüscher (z.B. Lüscher & Liegle, 2003) in seinen Arbeiten sehr fruchtbar betont. Familiensolidarität kann also spielen, aber sie kann auch belastend sein und sie muss nicht funktionieren.

Nutzen

Aus einer gesellschaftlichen Perspektive ist der Nutzen unbezahlter Care-Leistungen im Rahmen der Gesamtökonomie zu analysieren. Die englische Ökonomin Susan Himmelweit spricht von einer «hidden economy», in der unbezahlte Arbeit geleistet wird. Sie wird in der gewohnten Definition von Wirtschaft nicht mit eingeschlossen. Wenn man den Nutzen unbezahlter Leistungen sehen will, gilt es also zuerst die Gesamtwirtschaft breiter aufzufassen, um den Beitrag dieser versteckten Ökonomie sichtbar zu machen. Himmelweit tut dies so (Himmelweit, 2002, vgl. Abbildung 2):

Die Wirtschaft besteht aus einem bezahlten und einem unbezahlten Sektor, die eng verzahnt sind. Die unbezahlte Ökonomie ist für die bezahlte nicht nur deshalb wichtig, weil sie für das gesundheitliche Wohl und die Erziehung der Arbeitskräfte sorgt, sondern auch als Fabrikationsstätte des Sozialen: Sie produziert Gemeinschaftssinn, Verantwortungsgefühle und Normen, auf die sich die soziale Ordnung stützt. Obwohl die Arbeit unbezahlt ist, braucht dieser Sektor für seine Outputs Konsum- und Investitionsgüter aus dem Privatsektor und den Infrastrukturservice des öffentlichen Sektors.

Zwischen unbezahlter Care-Arbeit und sozialer Wohlfahrt besteht also ein enges Zusammenspiel. Volkswirtschaftliche Gesamtrechnungen, die generell als Messinstrument der sozialen Wohlfahrt betrachtet werden, unterschätzen die Wohlfahrt in einem Land, wenn sie die unbezahlte Arbeit vergessen, wie dies auch der von einer hochkarätigen Ökonomen-Expertengruppe verfasste «Report by the Commission on the Measurement of Economic Performance and Social Progress» bestätigt. Weisen sie aber Verlagerungen vom unbezahlten in den bezahlten Sektor als wirtschaftliches Wachstum aus, dann überschätzen sie den Wohlfahrtsgewinn (Stiglitz et al., 2007, S. 14).

Abb 2:
Bezahlte und
unbezahlte
Ökonomie als Teile
der Gesamtwirt-
schaft (Himmel-
weit, 2002)

Geschäftliche Perspektive

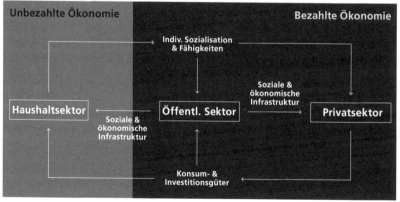

Himmelweit 2002

Auch in der Schweiz fehlt in der Volkswirtschaftlichen Gesamtrechnung der Teil der Wohlfahrtsproduktion, der unbezahlt erfolgt. Das Bundesamt für Statistik führt aber ein Satellitenkonto Haushaltproduktion. Immerhin lassen sich daraus folgende Angaben ableiten: 2007 wurden in der Schweiz 8,7 Mia. Stunden unbezahlte gegenüber 7,3 Mia. Stunden bezahlter Arbeit geleistet. Von der unbezahlten Arbeit übernehmen Frauen 63%. 1,2 Mia. Stunden betreffen direkt Betreuung und praktische Hilfen. Müssten alle unbezahlten Leistungen über den Markt eingekauft werden, wären dafür 370 Mia. Franken nötig.

Nutzen generiert die unbezahlte Care-Arbeit selbstverständlich auch aus der individuellen Perspektive. Sie hilft nicht nur, hohe Pflege- und Betreuungskosten zu vermeiden. Sie ermöglicht auch weitgehend eine Aufrechterhaltung des gewohnten Lebens. So kann insbesondere ein Heimeintritt hinausgezögert werden. Innerhalb des familiären Netzes hat die Verpflichtung zur unbezahlten Hilfe zudem ein Stück weit «Versicherungscharakter». Wer Hilfe leistet, kann moralisch den Anspruch stellen, dass ihm oder ihr im Bedarfsfall ebenfalls geholfen wird. Diesen Versicherungscharakter versuchen Zeittauschbörsen-Projekte zu verallgemeinern (Künzi & Oesch, 2009). Die Übernahme unbezahlter Care-Leistungen kann durchaus auch sinnstiftend sein. Die Auseinandersetzung mit einer pflege- und betreuungsbedürftigen Person öffnet insbesondere im Rahmen des sogenannten Generationenlernens (Lüscher & Liegle, 2003) neue Horizonte. Sie bietet nicht nur die Auseinandersetzung mit einer möglichen eigenen Zukunft, sie erlaubt auch, neue generationenspezifische Rollen zu übernehmen, sich einzuordnen in eine Generationenkette und die eigene Identität zu entwickeln.

Festzuhalten bleibt, dass der individuelle Nutzen nicht für alle gewährleistet ist. Die Chancen, unbezahlte Care-Leistungen zu erhalten, sind ungleich verteilt. Dabei besteht auch ein grosser geschlechtsspezifischer Unterschied: Während pflege- und betreuungsbedürftige Männer im Alter häufig noch eine Partnerin haben, die sie versorgt, sind hochbetagte Frauen in der gleichen Situation meist verwitwet und daher in viel höherem Mass auf institutionelle, sozialstaatliche Hilfe angewiesen.

Kosten

Unbezahlte Care-Arbeit ist nur theoretisch kostenlos. Aus gesellschaftlicher Perspektive stehen Personen im Erwerbsalter während der Zeit, in der sie unbezahlte Aufgaben übernehmen, dem Arbeitsmarkt nicht zur

Verfügung. Je schlechter die Vereinbarkeit von familiären Aufgaben und Beruf ist, desto grösser sind diese wirtschaftlichen Ausfälle. Es ist aber umgekehrt auch denkbar, dass sich bei schlechter Vereinbarkeit mehr Leute entscheiden, keine oder nur wenig unbezahlte Care-Arbeit zu übernehmen. Dann muss der Care-Bedarf zunehmend bezahlt gedeckt werden. Um die Vereinbarkeit zu verbessern wiederum, sind unterstützende Infrastrukturen nötig, die ebenfalls nicht gratis sind. Gesellschaftliche Kosten können aber auch dann bestehen, wenn unbezahlte Care-Arbeit von Menschen im Rentenalter geleistet wird. Bleiben sie weitgehend sich selber überlassen, so sind negative gesundheitliche Folgen für die Pflegenden und Betreuenden selbst nicht selten. Sie führen nicht nur direkt zu Mehrkosten, sondern können auch dazu führen, dass das unbezahlte Care-Arrangement längerfristig nicht aufrechterhalten werden kann.

Aus individueller Perspektive bringt die unbezahlte Care-Arbeit ebenfalls nicht nur Kostenersparnisse, sondern auch Kosten mit sich. Diese bestehen im Erwerbsalter zum Beispiel im Sinne von Opportunitätskosten darin, dass in dieser Zeit keine Berufstätigkeit möglich ist und dadurch Erwerbseinkommen wegfällt. Je nach Situation kann dies zu einer prekären Einkommenslage in der Gegenwart führen und zu einer stark beeinträchtigten sozialen Absicherung bei eigenen Lebensrisiken und im Alter. Zudem schlagen die erwähnten negativen gesundheitlichen Folgen auch als individuelle Kosten zu Buche.

Deckung der zukünftigen Nachfrage

Mit Blick auf die Zukunft schliesst sich die Frage an, wie sich unter den skizzierten Voraussetzungen die gesellschaftlich notwendige unbezahlte Care-Arbeit sichern lässt. Die gute Nachricht ist hier, dass die familiäre Solidarität im Einzelfall nicht kleiner geworden ist, wie neuere Forschungsarbeiten (z.B. Attias-Donfut, 2000; Hugentobler, 2003) übereinstimmend zeigen. Aber dem grundsätzlich intakten Funktionieren der familiären Netze stehen verschiedene Entwicklungen gegenüber, welche insbesondere die generationenübergreifenden Care-Ressourcen der Angehörigen tendenziell verkleinern. Auch wenn die zeitliche Hauptbelastung schon heute in der Regel bei der Partnerin oder dem Partner liegt, ist die Unterstützung durch die jüngere Generation in der Familie oft mitentscheidend dafür, dass private Care-Arrangements aufrechterhalten werden können. Der Schwund ihrer Care-Ressourcen ist daher nicht trivial.

Das erste Problem ist, dass weniger Personen da sind, welche sich die Care-Aufgaben für die Elterngeneration teilen können, weil die Kinderzahl zurückging und mehr Menschen gar keine Kinder haben. Sie lassen sich nicht so leicht durch Freundeskreis und Bekannte ersetzen, weil diese in der Regel der gleichen Generation angehören und generationenübergreifende enge Beziehungen vorwiegend im familiären Kontext bestehen. Kompliziert haben sich die unbezahlten Hilfestellungen zweitens auch, weil die geografischen Distanzen in den multilokalen Verwandtschaftsnetzen grösser geworden sind, und dies nicht nur im Migrationskontext. Hinzu kommt drittens, dass die jüngere Generation der Frauen stärker erwerbsintegriert ist und damit die Vereinbarkeitsprobleme auch in diesem Bereich an Gewicht gewinnen. Noch wenig erforscht ist viertens, was die häufigere Trennung von Elternpaaren für Folgewirkungen auf die Generation der Grosseltern und die Verbindlichkeit der Solidarbeziehungen ihnen gegenüber hat. Allerdings bestehen Hinweise darauf, dass es schon heute weit überwiegend die eigenen Kinder sind, die sich um hilfebedürftige Hochbetagte kümmern (Perrig-Chiello, Höpflinger, & Schnegg, 2010; Perrig-Chiello, Hutchison, & Höpflinger, 2011).

Es ist also nicht der Anreiz zur unbezahlten Care-Arbeit, der zum Problem geworden ist. Partnerin, Partner und Kinder sind nicht weniger «prisoners of love» als sie es früher waren. Es mangelt jedoch an verfügbaren Arbeitskräften und Arbeitszeit in der jüngeren Generation, wozu auch die längeren Arbeitswege beitragen. Soll die künftige Nachfrage trotz beschränktem Angebot an unbezahlter Care-Arbeit gedeckt werden können, darf die veränderte Situation nicht ignoriert werden. Das familiäre Hilfsnetz stösst an die Grenzen der Belastbarkeit. Deshalb konkurrenzieren sich professionelle und informelle Hilfe grundsätzlich nicht, sondern ergänzen sich und ermöglichen oft erst, dass Verwandte die Last tragen können (Hugentobler, 2003; Attias-Donfut, 2000). Eine sinnvolle Politik besteht also darin, die Familien in ihren Leistungen systematisch zu unterstützen.

Ökonomisch gesprochen gilt es, die Arbeitsbedingungen im unbezahlten Care-Sektor durch eine sorgfältige Ausgestaltung des Care-Regimes zu verbessern und heute bestehende Benachteiligungen von Care-Arbeitenden abzubauen durch flexible Unterstützungsangebote, eine bessere Vereinbarkeit von «Work & Care», eine gute soziale Absicherung der unbezahlt Pflegenden und ein höheres Bewusstsein für den Wert der unbezahlten Care-Leistungen, indem beispielsweise Angehörige genauso als Leistungserbringer anerkannt und mitberücksichtigt werden wie Pflegeinstitutionen oder die Spitex. Nicht ein gegenseitiges Ausspielen, sondern ein gutes Zusammenspielen professioneller und unbezahlter Pflege- und Betreuungsleistungen erscheint also auch aus ökonomischer Sicht wichtig, um die Ressourcen an unbezahlter Pflege optimal zu mobilisieren, damit es nicht zu Versorgungslücken kommt.

Literatur

Attias-Donfut, C., 2000: *Familialer Austausch und soziale Sicherung*. In: Generationen in Familie und Gesellschaft, hrsg. v. Martin Kohli & Marc Szydlik, Opladen, S. 222–237.

Bertram, H., 2000: *Die verborgenen familiären Beziehungen in Deutschland: Die multilokale Mehrgenerationenfamilie*. In: Generationen in Familie und Gesellschaft, hrsg. v. Martin Kohli & Marc Szydlik, Opladen, S. 97–121.

Daly, M., 2000: *Paid work, unpaid work and welfare. Towards a framework for studying welfare state variation*. In: Gender, Welfare and the Market. Towards a new division of labour, hrsg. v. P. Boje & L. Arnlaug, London/New York, S. 3–21.

England, P., 2005: *Emerging Theories of Care Work*. In: Annual Review of Sociology, 31, S. 381–399.

Folbre, N./Bittman, M., 2004: *Family Time. The Social Organization of Care*, New York.

Fraser, N., 1994: *After the Familiy Wage: Gender Equity and the Welfare State*. In: Political Theory, 22, S. 591–618.

Himmelweit, S., 2002: *Making Visible the Hidden Economy: The Case for Gender-Impact Analysis of Economic Policy*. In: Feminist Economics, 8/1, S. 49–70.

Höpflinger, F./Bayer-Oglesby, L./Zumbrunn, A., 2011: *Pflegebedürftigkeit und Langzeitpflege im Alter. Aktualisierte Szenarien für die Schweiz*, im Auftrag des Schweizerischen Gesundheitsobservatoriums Obsan, Neuchâtel.

Hugentobler, V., 2003: *Intergenerationelle Familienbeziehungen und Pflegebedürftigkeit im Alter*. In: Sozialalmanach 2004: Die demografische Herausorderung, hrsg. v. Caritas, Luzern.

Jochimsen, M. A., 2003: *Careful Economics. Integrating Caring Activities and Economic Science*, Boston/Dordrecht/London.

Künzi, K./Oesch, T., 2009: *Zeitgutschriften für die Begleitung, Betreuung und/oder Pflege älterer Menschen*. In: Soziale Sicherheit, CHSS 3/2009, hrsg. v. Bundesamt für Sozialversicherung (BSV), Bern, S. 183–186.

Lewis, J., 2007: *Gender, Ageing and the «New Social Settlement»: The Importance of Developing a Holistic Approach to Care Policies*. In: Current Sociology, 55, S. 271–286.

Lüscher, K./Liegle, L., 2003: *Generationenbeziehungen in Familie und Gesellschaft*, Konstanz.

Morgan, K. J., 2008: *The Political Path to a Dual Earner/Dual Carer Society: Pitfalls and Possibilities*. In: Politics & Society, 36, S. 403–420.

Orloff, A. S., 2006: *From Maternalism to «Employment for All»: State Policies to promote Women's Employment across the Affluent Democracies*. In: The State After Statism, hrsg. v. J. Levy, Boston MA, S. 230–268.

Perrig-Chiello, P./Höpflinger, F./Schnegg, B., 2010: *Pflegende Angehörige von älteren Menschen in der Schweiz. Schlussbericht des Forschungsprojektes SwissAge-Care-2010*. http://upload.sitesystem.ch/B2DBB48B7E/0CDC636B60/2FF10C60B3.pdf, 11. Mai 2012.

Perrig-Chiello, P./Hutchison, S./Höpflinger, F., 2011: *AgeCare-SuisseLatine - Pflegende Angehörige in der lateinischen und deutschsprachigen Schweiz. Schlussbericht des Forschungsprojektes AgeCare-SuisseLatine*. http://upload.sitesystem.ch/B2DBB48B7E/0CDC636B60/FDAB600C70.pdf, 11. Mai 2012.

Stiglitz J./Sen, A./Fitoussi, J. P., 2007: *Report by the Commission on the Measurement of Economic Performance and Social Progress*, www.stiglitz-sen-fitoussi.fr, 11. Mai 2012.

Das neue Erwachsenenschutzrecht – Eigen- und Familienverantwortung versus Staatsverantwortung

RUTH REUSSER

Einleitung

Am 1. Januar 2013 tritt das neue Erwachsenenschutzrecht in Kraft[1]. Es ersetzt das Vormundschaftsrecht des Zivilgesetzbuches (ZGB), das ab 1. Januar 1912 gültig war und damit grossmehrheitlich seit über 100 Jahren Bestand hatte (aArt. 360–456 ZGB[2]).

Ziel des bisherigen wie des neuen Rechts ist es, das Wohl und den Schutz hilfsbedürftiger erwachsener Menschen sicherzustellen, die ganz oder teilweise nicht mehr für sich sorgen können. Wird eine erwachsene Person urteilsunfähig, so verliert sie von Gesetzes wegen ihre Handlungsfähigkeit. Der Gesetzgeber muss dann bestimmen, wer für ihr persönliches Wohl verantwortlich ist, ihr Einkommen und übriges Vermögen verwaltet und sie im Rechtsverkehr vertritt. Bei Personen dagegen, die – ohne urteilsunfähig zu sein – wegen einer geistigen Behinderung, einer psychischen Störung oder anderen Schwächezuständen ihre Angelegenheiten ganz oder teilweise nicht besorgen können, gilt es zwischen Selbst- und Fremdbestimmung abzuwägen. Kernfrage ist, ob eine Hilfe auch gegen den Willen der betroffenen Person zulässig ist. Sowohl das geltende Vormundschaftsrecht wie auch das neue Erwachsenenschutzrecht bejahen dies. «Wer nämlich die Zulässigkeit dieser Fremdbestimmung schlechthin verneint, riskiert um eines verabsolutierten Selbstbestimmungsrechts willen Personen mit einem Schwächezustand Hilfen zu berauben, auf die sie dringend angewiesen sind»[3].

Behördliche Massnahmen sind aber nur dann erforderlich, wenn die Unterstützung durch die Familie, andere nahestehende Personen oder der freiwilligen privaten oder öffentlichen Sozialhilfe nicht ausreicht oder von vornherein als ungenügend erscheint. Die Hilfe innerhalb

---

1 Bundesgesetz vom 19. Dezember 2008 über die Änderung des Schweizerischen Zivilgesetzbuches (Erwachsenenschutz, Personenrecht und Kindesrecht), in: Amtliche Sammlung des Bundesrechts 2011, 725 ff.
Die umfangreiche Botschaft des Bundesrates an die Bundesversammlung vom 28. Juni 2006 mit vielen Erläuterungen findet sich im Bundesblatt 2006, 7001 ff.

2 Gesetzesbestimmungen des bisherigen Vormundschaftsrechts werden als «aArt.» bezeichnet.

3 Bericht zum Vorentwurf für eine Revision des ZGB (Erwachsenenschutz, Personen- und Kindesrecht) vom Juni 2003, 6, gestützt auf ein Votum von Prof. B. Schnyder, Freiburg.

der Familie hat also den Vorrang gegenüber dem staatlichen Erwachsenenschutz (Subsidiaritätsprinzip). Das gilt sowohl im bisherigen wie im neuen Recht (Art. 389 Abs. 1 Ziff. 1 rev. ZGB).

Das Vormundschaftsrecht des ZGB von 1912 kannte folgende Massnahmen:

- Die **Entmündigung** (aArt. 369 ff. ZGB), d.h. den Entzug der Handlungsfähigkeit mit der anschliessenden Möglichkeit für die Vormundschaftsbehörde, die betroffene Person entweder unter die verlängerte elterliche Sorge zu stellen (aArt. 385 Abs. 3 ZGB) oder ihr einen Vormund zu ernennen (aArt. 385 Abs. 1 ZGB). Die Massnahme umfasste die ganze Person- und Vermögenssorge sowie die Vertretung im Rechtsverkehr (aArt. 367 Abs. 1 ZGB). Sie führte automatisch zum Entzug der Handlungsfähigkeit.
- Die **Beiratschaft**, die sich in die Mitwirkungsbeiratschaft und die Vermögensverwaltungsbeiratschaft gliederte und die grundsätzlich der Vermögenssorge diente (aArt. 395). Die Handlungsfähigkeit wurde im Vermögensbereich mit der Anordnung der Massnahme von Gesetzes wegen eingeschränkt.
- Die **Beistandschaft**, bei der die Vertretungsbeistandschaft, die Vermögensverwaltungsbeistandschaft und die Beistandschaft auf eigenes Begehren zu unterscheiden waren (aArt. 392 ff. ZGB). Die Beistandschaft betraf grundsätzlich einzelne Geschäfte oder die Vermögensverwaltung und schränkte die Handlungsfähigkeit der betroffenen Person nicht ein.

1981 wurden der Massnahmenkatalog erweitert und die Bestimmungen über die fürsorgerische Freiheitsentziehung ins ZGB eingefügt, um das schweizerische Recht mit den Anforderungen der Europäischen Menschenrechtskonvention in Einklang zu bringen. Die aArt. 397a ff. ZGB umschrieben die Rahmenbedingungen für die Einweisung einer mündigen oder entmündigten Person wegen Geisteskrankheit, Geistesschwäche, Trunksucht, anderen Suchterkrankungen oder schwerer Verwahrlosung in eine geeignete Anstalt, wenn ihr die nötige persönliche Fürsorge auf andere Weise nicht erwiesen werden konnte.
Ende 2010 gab es in der Schweiz insgesamt 82'181 amtsgebundene vormundschaftliche Massnahmen für Erwachsene (ohne fürsorgerischen Freiheitsentzug)[4]. Dabei handelte es sich um 26'181 Entmündigungen,

---

[4] Zeitschrift für Kindes- und Erwachsenenschutz (ZKE) 2011, 415.

4502 Beiratschaften und 51'498 Beistandschaften. Das Total der am Ende des Jahres bestehenden Massnahmen nahm im Laufe der letzten Jahre ständig zu und stieg von 58'980 Massnahmen im Jahr 2001 auf 67'424 im Jahr 2005 und auf 82'181 im Jahr 2010.[5]

Die Revisionsbedürftigkeit des Vormundschaftsrechts

Bei einem Gesetz, das grossmehrheitlich über 100 Jahre alt ist, braucht die Revisionsbedürftigkeit wohl nicht besonders begründet zu werden. Insbesondere sind folgende Revisionsgründe zu erwähnen:

- Mit den amtsgebundenen Massnahmen des ZGB von 1912 konnte den individuellen Bedürfnissen der betroffenen Person und damit dem in der Verfassung verankerten Verhältnismässigkeitsprinzip zu wenig Rechnung getragen werden.
- Das Vormundschaftsrecht wurde von der Praxis stark weiterentwickelt. Zwischen Gesetz und Rechtswirklichkeit klaffte deshalb ein Graben.
- Die Wertvorstellungen änderten sich und die Menschenrechte wurden immer weiter ausgebaut. Das Selbstbestimmungsrecht hat heute einen viel höheren Stellenwert als früher.
- Die zunehmende Lebenserwartung führt zu einer immer grösser werdenden Zahl von hochbetagten Menschen. Damit wird auch der Personenkreis, der unter Umständen Schutzmassnahmen nötig hat, immer grösser. Insgesamt wird heute die Gesamtzahl von Personen mit Alzheimer oder anderer Demenz auf 107'000 geschätzt. Bis 2030 soll sich diese Zahl verdoppeln. 2050 ist mit über 300'000 Demenz-Kranken zu rechnen.[6] Um diese Herausforderung zu bewältigen, müssen das vorhandene soziale Umfeld und die entsprechenden Betreuungsressourcen besser geschützt und mobilisiert werden.
- Die vormundschaftliche Organisation weist gravierende Lücken und Mängel auf.

---

[5] ZKE 2011, 422 und 415.
[6] Angaben der Schweizerischen Alzheimervereinigung, http://www.alz.ch/d/html/gesellschaft.html

Die zentralen Revisionsanliegen
Förderung des Selbstbestimmungsrechts

Vorsorgeauftrag

Wer hat sich nicht schon Gedanken darüber gemacht, was mit ihm geschehen würde, wenn er bei einem Unfall oder infolge Krankheit die Urteilsfähigkeit vorübergehend oder dauernd verlieren würde? Die Vorstellung, von fremden Leuten abhängig zu sein, erweckt Unbehagen. Das geltende Recht setzt aber eigenen Vorsorgemassnahmen Grenzen. Anliegen der Reform war es, diesen unbefriedigenden Zustand zu beseitigen und dem Selbstbestimmungsrecht, das aus dem Grundrecht der persönlichen Freiheit und der Garantie der Menschenwürde fliesst, über den Eintritt der Urteilsunfähigkeit hinaus zum Durchbruch zu verhelfen. Dank der eigenverantwortlichen Vorsorge kann gleichzeitig der Staat in einem gewissen Umfang entlastet werden.

Der neue Vorsorgeauftrag (Art. 360 ff. rev. ZGB) erlaubt es einer handlungsfähigen Person, eine natürliche oder eine juristische Person zu beauftragen, im Fall ihrer Urteilsunfähigkeit die Personsorge, die Vermögenssorge und/oder die Vertretung im Rechtsverkehr wahrzunehmen. Für den Fall, dass die beauftragte Person für ihre Aufgaben nicht geeignet ist, den Auftrag nicht annimmt oder ihn kündigt, können Ersatzverfügungen getroffen werden.

Der Vorsorgeauftrag muss wie ein Testament handschriftlich abgefasst, datiert und unterzeichnet werden. Er kann aber auch mit öffentlicher Urkunde errichtet werden. Auf Wunsch kann der Hinterlegungsort des Vorsorgeauftrags in der zentralen elektronischen Datenbank des Zivilstandswesens eingetragen werden. Bei Urteilsunfähigkeit einer Person muss sich die Erwachsenenschutzbehörde beim Zivilstandsamt erkundigen, ob ein Vorsorgeauftrag vorliegt oder nicht.

Tritt die Urteilsunfähigkeit ein, hat die Erwachsenenschutzbehörde im Interesse der Rechtssicherheit lediglich festzustellen, ob die Voraussetzungen der Wirksamkeit des Vorsorgeauftrags erfüllt sind, und zu prüfen, ob die beauftragte Person für ihre Aufgabe noch geeignet ist und den Auftrag annimmt. Eine laufende Beaufsichtigung des Beauftragten gibt es nicht.

Nach dem Sprichwort «Trau, schau, wem» ist die auftraggebende Person grundsätzlich selber verantwortlich, dass die vorsorgebeauftragte Person das Vertrauen, das ihr geschenkt wird, auch wirklich verdient. Die urteilsunfähige Person kann nämlich keine Kontrolle ausüben und während ihrer Urteilsunfähigkeit den Auftrag auch nicht widerrufen. Ein Minimum an behördlichen Eingriffsmöglichkeiten muss deshalb gewährleistet bleiben. Wird der Erwachsenenschutzbehörde bekannt, dass die Interessen der auftraggebenden Person gefährdet sind, so muss sie einschreiten und die zum Schutz der urteilsunfähigen Person erforderlichen Massnahmen anordnen können. Der Staat ist deshalb auch beim Vorsorgeauftrag von seiner Verantwortung nicht völlig entlastet.

Patientenverfügung
Unter dem Titel der eigenen Vorsorge wird neben dem Vorsorgeauftrag auch die Patientenverfügung bundesrechtlich verankert (Art. 370 ff. rev. ZGB) und damit deren Voraussetzungen und Wirkungen vereinheitlicht. Viele kantonale Gesundheitsgesetze sahen dieses Rechtsinstitut bereits vor. Mit dem Inkrafttreten des Erwachsenenschutzrechts werden diese kantonalen Regelungen obsolet.
In der Praxis ist die Patientenverfügung recht weit verbreitet. Gemäss den Bestimmungen des neuen Rechts ermöglicht sie einer urteilsfähigen Person, festzulegen, welchen medizinischen Massnahmen sie im Fall ihrer Urteilsunfähigkeit zustimmt oder nicht zustimmt. Sie kann auch eine natürliche Person bezeichnen, die im Fall ihrer Urteilsunfähigkeit mit der behandelnden Ärztin die medizinischen Massnahmen besprechen und in ihrem Namen entscheiden soll. Die Patientenverfügung ist schriftlich zu errichten, zu datieren und zu unterzeichnen. Die Tatsache, dass es eine Patientenverfügung gibt, kann auf der Versichertenkarte eingetragen werden.
Die Ärztin oder der Arzt hat bei einem urteilsunfähigen Patienten nötigenfalls die Versichertenkarte zu konsultieren, um abzuklären, ob es eine Patientenverfügung gibt oder nicht. Sie oder er ist verpflichtet, der Patientenverfügung zu entsprechen, ausser wenn diese gegen gesetzliche Vorschriften verstösst, indem sie bspw. aktive Sterbehilfe verlangt, oder wenn begründete Zweifel bestehen, dass sie auf freiem Willen beruht oder noch dem mutmasslichen Willen des Patienten entspricht. Eine Patientenverfügung, die unter bisherigem Recht errichtet worden ist, bleibt gültig, sofern sie den neuen Vorschriften entspricht. Anderenfalls muss sie erneuert und den Vorgaben des Erwachsenenschutzrechts angepasst werden.

Stärkung der Solidarität in der Familie

Wurde eine Person vorübergehend oder – vor allem gegen Ende des Lebens – dauernd urteilsunfähig, so half sich die bisherige Praxis auf vielfältige Art mit einem pragmatischen Vorgehen. Das neue Erwachsenenschutzrecht will deshalb dem Bedürfnis von nahen Angehörigen von urteilsunfähigen Personen Rechnung tragen, ohne grosse Umstände und insbesondere ohne Anordnung von behördlichen Erwachsenenschutzmassnahmen gewisse Entscheide fällen zu können, soweit dies materiell verantwortet werden kann. Damit wird die Solidarität in der Familie gestärkt und der staatliche «Apparat» entlastet.

Das neue Recht sieht ausgehend von der ehelichen oder partnerschaftlichen Beistandspflicht von Gesetzes wegen ein Vertretungsrecht für den Ehegatten oder die eingetragene Partnerin bzw. den eingetragenen Partner einer urteilsunfähigen Person vor (Art. 374 ff. rev. ZGB). Bewusst ist von einem Vertretungs*recht* und nicht von einer Vertretungs*pflicht* die Rede, da die Solidarität in der Familie auch nicht überschätzt werden darf. Zudem genügt die Ehe oder die eingetragene Partnerschaft als Formalbeziehung nicht, um das Vertretungsrecht entstehen zu lassen, denn sie sagt noch nichts darüber aus, wie weit die Partnerinnen und Partner füreinander auch tatsächlich Verantwortung übernehmen. Der Gesetzgeber verlangt deshalb neben der Formalbeziehung, die der Rechtssicherheit dient, eine gelebte aktive Beziehung. Sie wird vom Gesetzgeber angenommen, wenn die Ehegatten oder die eingetragenen Partnerinnen bzw. Partner einen gemeinsamen Haushalt führen und damit einander natürlicherweise beistehen, oder – wenn das Paar keinen gemeinsamen Haushalt hat, weil die urteilsunfähige Person in einer Einrichtung lebt – der Urteilsfähige dieser Person regelmässig und persönlich Beistand leistet.

Sind diese Voraussetzungen erfüllt, so darf der Ehegatte oder die eingetragene Partnerin bzw. der eingetragene Partner
- alle Rechtshandlungen, die zur Deckung des Unterhaltsbedarfs der urteilsunfähigen Person üblicherweise erforderlich sind, vornehmen,
- im Rahmen der ordentlichen Verwaltung für das Vermögen der urteilsunfähigen Person sorgen und
- stellvertretend soweit erforderlich die Post öffnen und erledigen.

Von grosser praktischer Bedeutung ist die Frage, wer eine vorübergehend oder dauernd urteilsunfähige Person in medizinischen Fragen vertreten darf. In einer Kaskade werden Angehörige (Ehegatte oder eingetragene Partnerin bzw. eingetragener Partner, Lebenspartner, Nachkommen, Eltern, Geschwister) bestimmt, die von Gesetzes wegen an Stelle des Urteilsunfähigen die Zustimmung zu einer medizinischen Massnahme erteilen dürfen (Art. 377 ff. rev. ZGB). Dieses weite gesetzliche Vertretungsrecht lässt sich verantworten, weil es um Massnahmen geht, die von einem Arzt nach bestem Wissen und Gewissen entsprechend dem Stand der medizinischen Wissenschaften vorgeschlagen werden. Die Angehörigen können somit nicht allein handeln und stehen auch unter Kontrolle, weil das medizinische Personal die Erwachsenenschutzbehörde anrufen kann, wenn die Angehörigen das Vertretungsrecht nicht korrekt ausüben.

In dringlichen Fällen ist keine Zustimmung erforderlich. Vielmehr muss die Ärztin sofort handeln und die notwendigen medizinischen Massnahmen nach dem mutmasslichen Willen und den Interessen der urteilsunfähigen Person ergreifen. Im Übrigen bleiben spezialgesetzliche Regelungen, so etwa im Transplantationsgesetz oder im Forschungsgesetz, vorbehalten.

Besondere Schutzbestimmungen für urteilsunfähige Personen in Wohn- und Pflegeeinrichtungen

Immer mehr Leute leben heute gegen Ende ihrer Lebenszeit in einer Wohn- oder Pflegeeinrichtung. Eine Nationalfondsstudie hat empfindliche Lücken im Rechtsschutz von urteilsunfähigen Heiminsassen aufgezeigt. Das Erwachsenenschutzrecht will hier punktuell Abhilfe schaffen, ohne dass in jedem Fall eine behördliche Erwachsenenschutzmassnahme ergriffen werden muss (Art. 382 ff. rev. ZGB).

- Es verlangt im Interesse der Transparenz einen schriftlichen Betreuungsvertrag, in welchem festgelegt wird, welche Leistungen die Einrichtung erbringt und welches Entgelt dafür geschuldet ist.
- Es legt die Rahmenbedingungen für freiheitsbeschränkende Massnahmen wie etwa das Montieren von Bettgittern oder das Abschliessen von Türen fest.
- Es garantiert grundsätzlich die freie Arztwahl, sofern der gewünschte Arzt bereit ist, im Notfall in die Einrichtung zu kommen.
- Es verpflichtet die Einrichtungen zur Förderung von Kontakten zu Personen ausserhalb der Einrichtung und zur Meldung von Personen, um die sich niemand ausserhalb der Einrichtung kümmert.
- Es verlangt eine Aufsicht durch die Kantone.

Behördliche Massnahmen nach Mass

Die amtsgebundenen Massnahmen des bisherigen Vormundschaftsrechts waren zu einem guten Teil standardisiert, d.h. in ihrem Inhalt und in ihren Wirkungen festgelegt. Sie gewährleisteten deshalb nicht die erforderliche Flexibilität, um im Einzelfall den konkreten Bedürfnissen einer hilfsbedürftigen Person Rechnung zu tragen. Nach dem Vorbild des österreichischen und deutschen Rechts wurden deshalb die bisherigen Massnahmen Entmündigung, Beiratschaft und Beistandschaft aufgehoben und durch das einheitliche Rechtsinstitut der Beistandschaft ersetzt (Art. 388 ff. rev ZGB). Um dem Verhältnismässigkeitsprinzip Rechnung zu tragen, ist fortan Massarbeit gefordert, indem die Erwachsenenschutzbehörde die Aufgaben des Beistandes im Einzelfall umschreiben muss, damit nur so viel staatliche Betreuung angeordnet wird, wie wirklich nötig ist. Das Selbstbestimmungsrecht und die Selbständigkeit der betroffenen Person sollen auch im Rahmen der behördlichen Massnahmen so weit wie möglich gewahrt und gefördert werden. Die Handlungsfähigkeit darf deshalb immer nur soweit eingeschränkt werden, als dies im Hinblick auf das zu erreichende Ziel nötig ist. Damit wird auch der Empfehlung des Ministerkomitees des Europarates von 1999 betreffend den gesetzlichen Schutz von hilfsbedürftigen Personen Rechnung getragen.

Verzicht auf die erstreckte elterliche Sorge

Was der Gesetzgeber von 1912 in aArt. 385 Abs. 3 ZGB vorsah, nämlich dass nach einer Entmündigung an die Stelle der Vormundschaft in der Regel die erstreckte elterliche Sorge der Eltern der entmündigten Person trat, entsprach nicht der Praxis: In der Mehrheit der Fälle errichtete die Vormundschaftsbehörde eine Vormundschaft. Bei insgesamt 26'181 Entmündigungen Ende 2010 wurde in 21'215 Fällen ein Vormund ernannt und in 4'966 Fällen die erstreckte elterliche Sorge angeordnet[7]. Vor allem bei Eltern von Kindern mit einer geistigen Behinderung, die das Volljährigkeitsalter erreichen, erfreute sich die erstreckte elterliche Sorge aber recht grosser Beliebtheit. Sie hatte den Vorteil, dass die Eltern gleich wie die Eltern unmündiger Kinder nicht der Pflicht zur Errichtung eines Vermögensinventars unterlagen, der Vormundschaftsbehörde weder Bericht erstatten noch Rechnung ablegen mussten und für bestimmte Geschäfte auch nicht der Zustimmung der vormundschaftlichen Behörden bedurften.
Im revidierten Recht soll das Prinzip der Massnahmen nach Mass auch für Personen mit einer geistigen Behinderung gelten. Das heisst, dass im Einzelfall sorgfältig abgewogen werden muss, wie weit die Kompetenzen eines Beistandes oder einer Beiständin gehen müssen. Ein umfassender Entzug der Handlungsfähigkeit soll nur dort angeordnet werden, wo es nicht anders geht.

---

7 ZKE 2011, 415.

Wollte man deshalb im neuen Recht die erstreckte elterliche Sorge beibehalten, so müsste eine elterliche Sorge nach Mass eingeführt werden, indem den Eltern nur diejenigen elterlichen Befugnisse eingeräumt würden, die wirklich nötig sind, um den Schutz ihres volljährigen Kindes zu gewährleisten. Es dürfte ihnen nicht einfach die gleiche Rechtsstellung gegeben werden wie Eltern von Unmündigen. Auf eine solche Umgestaltung der elterlichen Sorge verzichtet das neue Gesetz. Die Eltern sollen in jedem Fall als Beistand oder Beiständin eingesetzt werden. Dafür sieht das Gesetz vor, dass die Erwachsenenschutzbehörde die Eltern und weitere Angehörige von der Inventarpflicht, von der Pflicht zur Berichterstattung und Rechnungsablage sowie von der Pflicht, für bestimmte Geschäfte die Zustimmung der Erwachsenenschutzbehörde einzuholen, entbinden kann (Art. 420 i.V.m. Art. 405 Abs. 2, 410, 411 und 416 rev. ZGB).

Verdeutlichung der Grundsätze für die Ernennung des Beistandes

Das bisherige Recht sah in aArt. 380 ZGB für nahe Verwandte eine gesetzliche Eignungsvermutung als Vormund, Beirat oder Beistand vor, die allerdings widerlegt werden konnte: Sprachen keine wichtigen Gründe dagegen, so musste die Behörde einem tauglichen nahen Verwandten oder dem Ehegatten des zu Bevormundenden bei der Wahl den Vorzug geben. Hatte indessen die zu bevormundende Person oder deren Vater oder Mutter jemanden als Vormund, Beirat oder Beistand ihres Vertrauens bezeichnet, so sollte dieser Bezeichnung, wenn nicht wichtige Gründe dagegen sprachen, Folge geleistet werden (aArt. 381 ZGB).

Bei der Vorbereitung des neuen Gesetzes war unbestritten, dass es neben professionellen weiterhin auch private Amtsträger geben soll. Auf das sog. Vorrecht der Verwandten und des Ehegatten wurde indessen verzichtet. Vielmehr ist die Erwachsenenschutzbehörde verpflichtet, im Einzelfall die am besten geeignete Person als Beistand oder Beiständin einzusetzen. Dafür räumt Art. 420 rev. ZGB den Angehörigen aufgrund einer allgemeinen gesellschaftlichen Wertung dieser Beziehung eine Sonderstellung ein, indem sie, wenn sie als Beistand oder Beiständin eingesetzt werden, von gewissen Kontrollen ausgenommen werden können (oben Ziff. 3.5).

Entsprechend dem Grundgedanken, das Selbstbestimmungsrecht zu fördern, verbessert das neue Recht die Rechtsstellung der hilfsbedürftigen Person (Art. 401 rev. ZGB). Die von ihr bezeichnete Vertrauensperson ist als Beistand oder Beiständin einzusetzen, wenn sie geeignet und zur Übernahme des Mandats bereit ist. Die Generalklausel der wichtigen Gründe des bisherigen Rechts, welche die Ablehnung des Vorschlags erlaubte, entfällt. Das Gesetz spricht auch nicht mehr davon, dass den Wünschen des Betroffenen Folge gegeben werden «soll», sondern verlangt, dass die Behörde einem geeigneten Vorschlag «entspricht». Lehnt die betroffene Person eine bestimmte Person als Beistand oder Beiständin ab, so ist auch diesem Wunsch möglichst Rechnung zu tragen. Dagegen sind Wünsche der Angehörigen oder anderer nahestehender Personen nur soweit tunlich zu berücksichtigen. Die Eltern der betroffenen Person haben im Rahmen des Vorschlagsrechts keine Sonderstellung mehr.

Schliessung von Lücken und Ausbau des Rechtsschutzes bei der fürsorgerischen Freiheitsentziehung

Was die Bestimmungen über die fürsorgerische Freiheitsentziehung betrifft (aArt. 397a ff. ZGB), so hat sich die Regelung von 1981 im Grossen und Ganzen bewährt. Die Bestimmungen sind denn auch nicht total revidiert worden. Insbesondere die Einweisungsvoraussetzungen sind die Gleichen geblieben (aArt. 397a ZGB und Art. 426 rev. ZGB). Die Reform bot aber Gelegenheit, Lücken zu schliessen und den Rechtsschutz der betroffenen Personen weiter auszubauen. Zu erwähnen ist insbesondere, dass neu das Bundesrecht und nicht mehr das kantonale Recht regelt, unter welchen Voraussetzungen eine psychisch kranke Person in einer Einrichtung gegen ihren Willen behandelt werden darf (Art. 433–435 rev. ZGB). Neu wird auch eine periodische Überprüfung der Einweisung durch die Erwachsenenschutzbehörde verlangt (Art. 431 rev. ZGB).

Professionalisierung der Kindes- und Erwachsenenschutzbehörden und Verankerung der zentralen Verfahrensgrundsätze im ZGB

In der französischsprachigen Schweiz amteten bisher überwiegend Gerichte bzw. Friedensgerichte als Vormundschaftsbehörden. In vielen Teilen der deutschen Schweiz war die Vormundschaftsbehörde dagegen mit der Gemeindeexekutive identisch. Diese setzte sich aus Laien zusammen, die für politische Aufgaben demokratisch gewählt wurden, und keine fachlichen Voraussetzungen im Hinblick auf das Vormundschaftswesen erfüllen mussten. Dass Laienbehörden nur schwer ein rechtsstaatlich einwandfreies Verfahren garantieren konnten und kommunal organisierte Behörden grossmehrheitlich über ein zu kleines Einzugsgebiet verfügten, um die nötige Erfahrung zu sammeln, war evident, aber umso bedenklicher, als es bei der hoheitlichen Fürsorge häufig um Eingriffe in die grundrechtlich geschützte persönliche Freiheit geht. Laienbehörden sind zudem kaum in der Lage, eine grössere Zahl von Mandatsträgern effektiv zu kontrollieren und zu steuern. Sie können auch nur sehr beschränkt in dringlichen Fällen innert nützlicher Frist handeln.

Das neue Recht verlangt deshalb, dass die Kantone als Erwachsenenschutzbehörde eine interdisziplinäre Fachbehörde einsetzen, die auch ständig erreichbar sein muss. Der Bund vertraut darauf, dass die Kantone sich «bundestreu» verhalten und Behörden schaffen, welche die Bezeichnung «Fachbehörde» auch wirklich verdienen.

Das Verfahrensrecht spielt für den Rechtsschutz der von einer Massnahme betroffenen Personen eine grosse Rolle. Die zentralen Verfahrensgrundsätze werden deshalb vereinheitlicht und im ZGB verankert. Weil es um Personen mit einem Schwächezustand geht, muss das Verfahren möglichst einfach ausgestaltet sein; auf Förmlichkeiten ist soweit wie möglich zu verzichten. Das ZGB sieht zudem vor, dass gegen Entscheide der Erwachsenenschutzbehörde bei einem Gericht Beschwerde eingelegt werden kann. Diese Einheitsbeschwerde kommt zum Zuge, gleichgültig ob es um die Anordnung einer Massnahme, um einen Gebührenentscheid, um eine Beschwerde gegen den Beistand oder die Beiständin oder um eine Beschwerde wegen Rechtsverweigerung oder Rechtsverzögerung geht.

Schlussbetrachtung

Das Erwachsenenschutzrecht beschränkt sich nicht nur darauf, das bisherige Vormundschaftsrecht gründlich zu revidieren, sondern betritt auch Neuland, indem es unter dem Titel der eigenen Vorsorge und der Massnahmen von Gesetzes wegen zum Schutz von urteilsunfähigen Personen neue Rechtsinstitute vorsieht. Dass diese systematisch am Anfang des Erwachsenenschutzrechts ihren Platz gefunden haben, kommt nicht von ungefähr. Denn eine behördliche Massnahme des Erwachsenenschutzrechts darf bei Urteilsunfähigkeit der hilfsbedürftigen Person nur angeordnet werden, wenn keine oder keine ausreichende eigene Vorsorge getroffen worden ist und die Massnahmen von Gesetzes wegen nicht genügen (Art. 389 Abs. 1 Ziff. 2 rev. ZGB). Damit hat der Gesetzgeber das Selbstbestimmungsrecht und die Solidarität innerhalb der Familie dort, wo sie wahrgenommen wird, klar gestärkt. Zu hoffen bleibt, dass sich dieses neue Recht in der Praxis auch bewähren wird.

Familiale Generationenbeziehungen in der Schweiz – Entwicklungen und Trends

FRANÇOIS HÖPFLINGER

Einleitung

Generationenbeziehungen sind eine grundlegende menschliche Lebensbedingung, und es gibt kein menschliches Leben ausserhalb von Generationenbeziehungen. Jede Gesellschaft hat Menschen unterschiedlichen Lebensalters zu integrieren, und jede Gesellschaft sieht sich mit der Herausforderung konfrontiert, ihre materielle und kulturelle Existenz über die beschränkte Lebenszeit einzelner Menschen hinaus zu sichern. Gleichzeitig ist jeder Mensch – unabhängig von seiner Abstammung und Herkunft – mit seiner Geburt von der Fürsorge älterer Generationen (Eltern, Grosseltern) abhängig, und ohne die Erfahrung verlässlicher familialer Generationenbeziehungen sind die Selbstidentität einer Person sowie deren Handlungsfähigkeit gefährdet. Aus diesem Grunde werden in jedem Gemeinwesen Vorkehrungen dafür getroffen, dass eine verantwortungsvolle Sorge der älteren Generation für die nachkommenden Generationen gewährleistet wird. Aber auch in späteren Lebensphasen sind Generationenbeziehungen immer mit grundlegenden menschlichen Erfahrungen verbunden: Neue Generationen entstehen durch die Geburt von Menschen, und alte Generationen sterben weg. Geburt und Tod gehören daher ebenso zum Generationenthema, wie das Verhältnis von Jung und Alt.

Die Art und Weise familialer Generationenbeziehungen wird zum einen durch kulturelle Werthaltungen mitbestimmt. Für das Verständnis familialer Generationenbeziehungen in der Schweiz ist es wesentlich zu verstehen, dass sich Familienstrukturen und Generationenbeziehungen in nord- und westeuropäischen Ländern (wie der Schweiz) im Verlaufe der Geschichte anders entwickelt haben als in Ost- und Südeuropa sowie manchen aussereuropäischen Ländern. In wichtigen Aspekten stellt die Entwicklung der nord- und westeuropäischen Familien- und Generationenbeziehungen weltweit betrachtet eine gewisse Ausnahmeerscheinung dar. Zum anderen bestimmen auch demographische Grössen (wie die Anzahl Kinder) und die Lebenserwartung von Eltern und Grosseltern die familialen Generationenverhältnisse. Aufgrund von wenig Geburten und langer Lebenserwartung sind heutige Verwandtschaftssysteme durch eine ausgeprägte «Vertikalisierung» geprägt, mit wenig Geschwistern, Onkeln oder Tanten, aber dafür mit einer ausgedehnten gemeinsamen Lebensspanne von Kinder-, Eltern- und Grosselterngeneration (Puur, Sakkeus, Poldma, & Herm, 2011).

Familiale Generationenbeziehungen in der Schweiz aus sozialhistorischer Sicht

Das zentrale Kennzeichen des west- und nordeuropäischen Familien-modells ist eine starke – und teilweise überstarke – Betonung der Kernfamilie (Ehepaarbeziehung, Eltern-Kind-Beziehungen). Die hori-zontalen Verwandtschaftsbeziehungen sind gegenüber den vertikalen Generationenbeziehungen weniger bedeutsam, und die Einbindung der Kernfamilie in umfassendere Clan- und Sippenstrukturen wur-de früh gebrochen. Dementsprechend wurde es früh zur Norm, dass die einzelnen Familiengenerationen soweit als möglich selbständig haushalten, und Mehrgenerationen-Haushaltungen waren ausserhalb bäuerlicher Kreise schon früh vergleichsweise selten.

Zwei sozio-kulturelle Elemente sind für die historische Entwicklung des west- und nordeuropäischen Modells von Familie und Generatio-nenbeziehungen zentral:

Zum einen brach das Christentum – als Gemeindereligion – radikal mit früheren Haus-, Familien- und Ahnenkulten. Damit wurde das Anse-hen und die intergenerationelle Stellung alter Familienangehöriger von vornherein geschwächt (etwa im Vergleich zur römischen ‹fami-lia›). Zum anderen wurde die Zweierbeziehung (Ehe) ins Zentrum des Familienlebens gerückt. Im Gegensatz zu vielen aussereuropäischen Kulturen wurde die Beziehung zwischen den Ehegatten – und nicht die Beziehung zur Sippe oder zum Clan – betont (vgl. Höpflinger, 2012). Die Clan- und Sippenstrukturen wurden in Europa teilweise schon im Mittelalter durch kirchliche Machtstrukturen gezielt abgewertet. Das Klosterleben war zusätzlich eine gemeinschaftliche Lebensform ausserhalb und quer zu Clan- und Sippenstrukturen, und mit dem Priesterzölibat wurden familial-verwandtschaftliche Loyalitäten in-nerkirchlich an den Rand gedrängt. Sippenstärkende Gebräuche – wie Polygamie, Brautkauf und Kinderehen – wurden im Christentum explizit verboten.

Die Betonung der Ehe als Zweierbeziehung stärkte schon in der vorin-dustriellen Eidgenossenschaft die Stellung junger Eheleute gegenüber der älteren Generation. Der Bund der Ehe war ein dauerhafter Bund des Brautpaares, das sich gegenseitig Treue und Unterstützung schwor (und nicht der Sippe). Auch die Geburt und Erziehung von Kindern lag prinzipiell in der Verantwortung der Eheleute bzw. der Eltern,

wogegen umfassendere verwandtschaftliche Interventionen nur beschränkt legitim waren. So setzte sich in West- und Nordeuropa das
Konsensprinzip der Ehe schon ab dem 12. Jahrhundert weitgehend
durch, und eine Ehe ohne Einwilligung beider Ehepartner wurde zur
Ausnahme. Damit gewannen namentlich junge Frauen gegenüber
ihren Eltern mehr Selbständigkeit, etwa einen unliebsamen Heiratspartner zurückzuweisen. Das Konsensprinzip schloss ein, sich auch
gegen die Ehe entscheiden zu können. Folglich ist das europäische
Ehe- und Familienmodell durch eine Tradition später Ehen und hoher
Ledigenanteile charakterisiert.

Das vom aufstrebenden Bürgertum ab dem 18. Jahrhundert durch eine
Flut von Eheratgebern (vgl. Mahlmann, 1991) vertretene Modell der
bürgerlichen Liebesehe und engen Mutter-Kind-Beziehung verstärkte die Stellung der engeren Kernfamilie zusätzlich, etwa indem nur
Mitglieder der Kernfamilie überhaupt zur häuslichen Familiengemeinschaft gezählt wurden. Mit der Betonung der Ehe bzw. Kernfamilie
eng verknüpft, ergab sich in West- und Nordeuropa schon früh eine
ausgeprägte soziale und familiale Selbständigkeit der einzelnen Familiengenerationen: Jede Generation führt ihr Familienleben in ihrer
eigenen Verantwortung. Die Verantwortung für Geburt und Erziehung von Kindern lag und liegt – wie angeführt – weitgehend bei den
Eltern. Entsprechend setzte sich Familienplanung ohne Einmischung
der älteren Generation teilweise schon früh durch (vgl. Pfister, 1985).
Umgekehrt verloren die älteren Generationen durch die relativ ausgeprägte familiale Selbständigkeit der jungen Generation in Europa
an Macht und Einfluss. Entsprechend wurde das Prinzip der Nicht
Einmischung der ältesten Generation (Grosseltern) in die Erziehung
der jüngsten Generation schon früh formuliert und durchgesetzt (vgl.
Chvojka, 2003).

Kulturell dominierte insgesamt ab dem 16. Jahrhundert in West- und
Nordeuropa das Ideal, dass die verschiedenen Generationen soweit
als möglich getrennt haushalten sollten, und im Gegensatz zu aussereuropäischen, aber auch zu süd- und osteuropäischen Kulturen war
das Modell der Grossfamilie in West- und Nordeuropa schon seit dem
17. Jahrhundert die Ausnahme (zumindest ausserhalb bäuerlicher
Produktionsstrukturen). Auch die früher hohen Sterblichkeitsraten
trugen dazu bei, dass beispielsweise Dreigenerationen-Haushalte eine
Ausnahme blieben, und ein Zusammenleben von Enkelkindern und
Grosseltern kam vor allem in Frage, wenn unselbständige Enkelkinder
verwaist waren, etwa als Folge einer Epidemie (vgl. Dubuis, 1994, S.41).

Die meisten Haushalte umfassten deshalb auch in früheren Epochen höchstens zwei Generationen, wobei je nach Arbeitsanfall und Vermögenslage auch andere Personen (wie Mägde, Knechte, Dienstboten) aufgenommen wurden. Das selbständige Haushalten verschiedener Generationen war namentlich in den Städten schon früh häufig. Die älteren Menschen führten schon im 17. und 18. Jahrhundert häufig weiterhin ihren eigenen Haushalt. So lebten im Jahre 1637 in der Stadt Zürich 92% der über 60-Jährigen in einem eigenständigen Haushalt, den sie selbst führten (vgl. Ehmer, 1983, S. 192). Auch in der Republik Genf umfassten 1720 nur 4.6% aller Familienhaushalte mehr als zwei Generationen (vgl. Mottu-Weber, 1994, S. 52). Im Haushalt ihrer erwachsenen Kinder wohnten in den vorindustriellen Städten West- und Nordeuropas am ehesten sehr alte, verwitwete Mütter.

Auch in ländlichen Regionen galt mehrheitlich wie «für den gesamten agrarischen Bereich Mittel- und Westeuropas, dass verheiratete Angehörige der jungen und der alten Generation einer Abstammungsfamilie jeweils in ihren eigenen Haushalten wohnten» (Chvojka, 2003, S. 43). Für die Generationenbeziehungen und die Stellung alter Familienmitglieder war die jeweilige Art der Besitzübertragung (z.B. Teilung des Landbesitzes unter allen Söhnen oder Übertragung des gesamten Hofes an den ältesten Sohn) entscheidend. Aufgrund der oft prekären wirtschaftlichen Lage gehörten in bäuerlichen Kreisen Streitigkeiten über die Versorgung der Alten – definiert als nicht mehr arbeitsfähige Eltern oder Grosseltern – und über die Pflichten der Jungen zum Alltag. Der Zeitpunkt der Hofübergabe war in bäuerlichen Kreisen ein ständiger Streitpunkt, da die soziale Stellung des alten Bauern weitgehend von seiner Besitzmacht abhing.

Um den Generationenwechsel zu beschleunigen, wurde – vor allem nach Abklingen der ständigen Epidemien – in verschiedenen Regionen Westeuropas die Institution des Ausgedinges verankert. Eine stärkere Verbreitung fand das Ausgedinge – als geregelter Rückzug der älteren Generation auf den Altenteil (beispielsweise ins «Stöckli») – allerdings erst ab Mitte des 17. Jahrhunderts. Beim Ausgedinge bzw. dem Stöckli handelte es sich um eine rechtlich geregelte Versorgung des alten Bauern bzw. der alten Bäuerin im Rahmen der bäuerlichen Produktionsgemeinschaft (die der jungen Generation übergeben wurde). Oft wurden Wohnrecht, Lebensmittel- und Holzlieferungen usw. der Jungen an die Alten in eigentlichen Generationenverträgen detailliert vereinbart und notariell beglaubigt. Da das Ausgedinge eine Mindestgrösse des Hofes voraussetzte, war diese Form der Altersversorgung in vielen Regionen der Alpen und Voralpen allerdings wenig verbreitet. Ein gemeinsames Zusammenleben erwachsener Kinder und alter Eltern widerspiegelte mehr eine wirtschaftliche Zwangsgemeinschaft, als dass sie idealisierten Bildern über das Leben alter Menschen im Schoss der Familie entsprochen hätte (vgl. Mitterauer & Sieder, 1977).

Im 19. Jahrhundert gewann das getrennte Wohnen der Familiengenerationen weiter an Bedeutung, da sich das Prinzip des getrennten Haushaltens bei der Gründung neuer Familien gesellschaftlich weiter verstärkte. In frühindustriellen Gebieten der Schweiz wurde dieser Trend durch den Durchbruch der Heimarbeit gestärkt, da damit junge Familien auch ohne Landbesitz ein genügendes Auskommen fanden, um einen eigenständigen Haushalt zu gründen. Teilweise führte die Heimarbeit zu speziellen Generationenbeziehungen, indem zwar jede Kernfamilie unter einem gesonderten Dach lebte, die wirtschaftlichen Verhältnisse jedoch enge Notgemeinschaften zwischen Jung und Alt erzwangen. Mit der industriellen Entwicklung und der Ausdehnung städtischer Lebensweisen erhielt das getrennte Wohnen verschiedener Generationen weitere Unterstützung. Dabei war auch bei der aufkommenden industriellen Fabrikarbeiterschaft die Kombination von getrenntem Haushalten der Generationen und gegenseitiger Hilfe unter Angehörigen häufig. Später, mit beschleunigter Urbanisierung, wurde das getrennte Wohnen familialer Generationen auch aufgrund der Abwanderung junger Frauen und Männer von ländlichen in industriell-städtische Regionen zusätzlich gefördert.

Mehrgenerationen-Haushalte waren somit auch in früheren Jahrhunderten in vielen Regionen Westeuropas – und der Schweiz – relativ selten (wozu auch die geringere Lebenserwartung der älteren Menschen beitrug). Eine vorübergehende Zunahme in Zahl und Anteil von Haushaltungen, die mehrere Generationen umfassten, zeigte sich in einigen ländlich-bäuerlichen Regionen sowie in städtisch-proletarischen Milieus nur in der ersten Hälfte des 20. Jahrhunderts. Dies war in den Städten primär die Folge hoher Arbeitslosigkeit und einer ausgeprägten Wohnungsnot bei Arbeitern. In ländlichen Regionen widerspiegelte die zeitweise Zunahme von Mehrgenerationenhaushalten vor allem den Ersatz nicht-verwandter Arbeitskräfte (Knechte, Mägde) durch verwandte Arbeitskräfte, wozu auch die Grosseltern gehörten. Der Anstieg im Anteil von Mehrgenerationenhaushaltungen war jedoch nur ein krisenbedingtes vorübergehendes Phänomen.

Vorherrschendes Muster in späteren Lebensphasen – multilokale Mehrgenerationenfamilie

In den Nachkriegsjahrzehnten sank der Anteil von Mehrgenerationen-haushalten trotz gestiegener gemeinsamer Lebensspanne der Generationen. Die Entwicklung intergenerationellen Zusammenwohnens – im Sinne des gemeinsamen Haushaltens von zwei oder drei Generationen – verlief gegenläufig zur Ausdehnung der gemeinsamen Lebensspanne familialer Generationen. Der Anteil älterer Menschen, welche in einem Mehrgenerationenhaushalt leben, hat sich auch in den letzten Jahrzehnten weiter reduziert (vgl. Tabelle 1). Leicht häufiger als ein gemeinsames intergenerationelles Haushalten ist intergenerationelles Wohnen im gleichen Haus, aber getrennten Haushalten. Gemäss Erhebung der SHARE-Studie 2004 ist dies in der Schweiz bei gut einem Achtel aller 70-jährigen und älteren Menschen mit Nachkommen der Fall (vgl. Kohli, Künemund, & Lüdicke, 2005). Ein gewisser Gegentrend intergenerationellen Haushaltens zeigt sich höchstens darin, dass erwachsene Kinder gegenwärtig länger bei ihren Eltern wohnhaft verbleiben als in früheren Jahrzehnten.

Tab. 1:
Private Haus-haltungen im Alter – nach Generationen-konstellation

Referenzperson:	1970		2010	
	1 Generation	2+ Generationen	1 Generation	2+ Generationen
60–69-jährig	75%	25%	85%	15%
70–79-jährig	87%	13%	96%	4%
80+-jährig	85%	15%	98%	2%

Quelle: 1970: Eidg. Volkszählung, 2010: eigene Schätzwerte, basierend auf Haushaltsstatistiken, SHARE-Daten sowie der Schweiz. Arbeitskräfteerhebung 2009.

Familiale Generationenbeziehungen und intergenerationelle Unterstützungsleistungen zwischen Jung und Alt vollziehen sich damit weitgehend multilokal, und diese Situation entspricht weitgehend den Wünschen und Bedürfnissen jüngerer wie älterer Generationen.

Intergenerationelle Solidarität – intergenerationelle Hilfe- und Pflegeleistungen

Im Gegensatz zu häufigen Vermutungen führen getrenntes Haushalten und ein Ausbau sozialstaatlicher Sicherungssysteme nicht zu einer allgemeinen Verringerung intergenerationeller Solidarität zwischen jungen und alten Familienmitgliedern. Werden die in Europa im Län-

dervergleich festgestellten Beziehungen zwischen wohlfahrtsstaatlichen Strukturen und intergenerationeller Solidarität (Hilfe, Pflege,
Finanzen) zusammengefasst, zeigt sich folgendes Gesamtmuster (vgl.
Brandt, 2009; Deindl, 2011; Haberkern, 2009): Ein ausgebauter Wohlfahrtsstaat – mit sozialer Absicherung älterer Menschen und junger
Familien – trägt dazu bei, dass intergenerationelle *Hilfe*leistungen
– von Jung zu Alt und von Alt zu Jung – tendenziell häufiger werden, wogegen konkrete intergenerationelle *Pflege*leistungen seltener
werden, da sie häufiger von professionellen Diensten übernommen
werden. Oder in anderen Worten: Intensive intergenerationelle Aufgaben – wie Pflegeleistungen – werden an sozialstaatliche Einrichtungen ausgelagert, wogegen sich die weniger intensiven gegenseitigen
Hilfeleistungen zwischen den Generationen verstärken. Ein Ausbau
sozialstaatlicher Angebote reduziert die intergenerationelle Solidarität
nicht, sondern führt zu einer verstärkten Spezialisierung intergenerationeller Austauschbeziehungen (Pflege durch Professionelle, Hilfe
durch Angehörige). Eine Professionalisierung speziell intensiver und
intimer Pflegeleistungen erhöht im Übrigen die intergenerationelle Beziehungsqualität zwischen alten Eltern und ihren erwachsenen
Kindern, da Nachkommen von heiklen und intensiven Pflegeaufgaben
entlastet werden, und alte pflegebedürftige Eltern weniger von ihren
Töchtern und Söhnen abhängig werden.
Auch bezüglich grosselterlicher Kinderbetreuung zeigt sich, dass staatliche Ausgaben für Familien einerseits die Wahrscheinlichkeit grosselterlicher Kinderbetreuung positiv beeinflussen und andererseits die
Intensität der erbrachten Enkelbetreuung reduzieren (vgl. Igel, 2011).
In den Ländern mit ausgebauten Familienleistungen, wie zum Bei-
spiel Kinderbetreuungseinrichtungen und langer Elternzeit, profitieren
mehr Kinder von grosselterlichen Leistungen. In Ländern mit geringen
Investitionen für Familien wird zwar weniger oft Betreuung geleistet,
wenn aber ein Grosselternteil zum Einsatz kommt, fallen viel mehr
Betreuungsstunden an. Enkelbetreuung hat in solchen Ländern oft den
Charakter einer Vollzeitaufgabe, was nicht zuletzt die Risiken einer
Überforderung der älteren Generation erhöht.
Was das Verhältnis von Sozialstaat und die Häufigkeit intergenerationeller finanzieller Unterstützungsleistungen betrifft, zeigt sich je
nach Transferrichtung ein gegensätzlicher Effekt sozialstaatlicher Absicherung: Je besser das soziale Netz und namentlich die wirtschaftliche Absicherung im Alter ist, desto weniger sind alte Menschen auf
finanzielle Unterstützung seitens ihrer Kinder angewiesen (und finan-

zielle Leistungen erwachsener Kinder an alte Eltern reduzieren sich). Umgekehrt führt eine wirtschaftliche Absicherung alter Eltern dazu, dass sie – gegenläufig zur wohlfahrtsstaatlichen Verteilung – häufiger Geld- und Sachgeschenke an ihre (erwachsenen) Kinder leisten, etwa zur Finanzierung von Weiterbildung usw., aber auch als ‹Gegenleistung› für erhaltene Hilfen.

Abschlussanmerkungen

Ein gut ausgebauter Sozialstaat führt nicht zur allgemeinen Reduktion intergenerationeller Hilfe und Unterstützung, sondern zu einer bedeutsamen Entlastung familialer Generationenbeziehungen. Aus belasteten intergenerationellen Notbeziehungen werden gute, lebenslang gepflegte persönliche Beziehungen zwischen jungen und alten Familienmitgliedern. Die Qualität familialer Generationenbeziehungen hat sich in den letzten Jahrzehnten insgesamt aber auch deshalb verbessert, weil gegenseitige Toleranz und wechselseitiges Verständnis zwischen Kindern, Eltern und Grosseltern angestiegen sind (wozu wesentlich auch die Tatsache beiträgt, dass heute viele ältere Menschen offen für neue Dinge sind).

Literatur

Brandt, M., 2009: *Hilfe zwischen Generationen. Ein europäischer Vergleich*, Wiesbaden.

Chvojka, E., 2003: *Geschichte der Grosselternrollen vom 16. bis zum 20. Jahrhundert*, Wien/Köln.

Deindl, C., 2011; *Finanzielle Transfers zwischen Generationen in Europa*, Wiesbaden.

Dubuis, P., 1994 : *Grand-parents et petits-enfants en Valais, XVe-XVIe siècle*. In: Les poids des ans. Une histoire de la vieillesse en Suisse romande, hrsg. v. G. Heller, Genève, S. 37–45.

Ehmer, J., 1983: *Zur Stellung alter Menschen in Haushalt und Familie. Thesen auf der Grundlage von quantitativen Quellen aus europäischen Städten seit dem 17. Jahrhundert*. In: Gerontologie und Sozialgeschichte. Wege zu einer historischen Betrachtung des Alters, hrsg. v. C. Conrad & H.-J. von Kondratowitz, Berlin, S. 187–215.

Haberkern, K., 2009; *Pflege in Europa. Familie und Wohlfahrtsstaat*, Wiesbaden.

Höpflinger, F., 2012: *Ehe und Familie – von einer patriarchalen Institution zur partnerschaftlichen Emotionsgemeinschaft*. In: Familienglück – was ist das?, hrsg. v. P. Perrig-Chiello, F. Höpflinger et al., Zürich, S. 43–67.

Igel, C., 2011: *Großeltern in Europa. Generationensolidarität im Wohlfahrtsstaat*, Wiesbaden: VS Verlag für Sozialwissenschaften.

Kohli, M./Künemund, H./Lüdicke, J., 2005: *Family Structure, Proximity and Contact*. In: Health, Ageing and Retirement in Europe. First Results from the Survey of Health, Ageing and Retirement in Europe, hrsg. v. A. Börsch-Supan et al., Mannheim, S. 164–170.

Mahlmann, R., 1991: *Psychologisierung des ‹Alltagsbewusstseins›. Die Verwissenschaftlichung des Diskurses über Ehe*, Opladen.

Mitterauer, M./Sieder, R., 1977: *Vom Patriarchat zur Partnerschaft. Zum Strukturwandel der Familie*, München.

Mottu-Weber, L., 1994 : *Etre vieux à Genève sous l'Ancien Régime*. In: Le poids des ans. Une histoire de la vieillesse en Suisse romande, hrsg. v. G. Heller, Genève, S. 47–65.

Pfister, U., 1985: *Die Anfänge der Geburtenbeschränkung. Eine Fallstudie (ausgewählte Zürcher Familien im 17. und 18. Jahrhundert)*, Bern.

Puur, A./Sakkeus, L./Põldma, A./Herm, A., 2011: *Intergenerational family constellations in contemporary Europe: Evidence from the Generations and Gender Survey*. In: Demographic Research, 25, S. 135–172.

Familienrituale – Drang, Zwang und Einklang

CHRISTOPH MORGENTHALER

«Alle Jahre wieder» holt uns Weihnachten ein. Und mit dem Familienritual Weihnachten Drang, Zwang und Einklang. Drang: Weihnachten wollen wir wieder schön hinkriegen, vielleicht noch schöner als letztes Jahr. Zwang: Gewiss gehen wir gerne hin, aber wir wissen genau so gut, dass es auch in diesem Jahr keinen wirklich gangbaren Weg gibt, das Ganze zu umgehen. Einklang: Wir kennen auch die wehmütige Sehnsucht, dass Kerzenlicht auf Kindergesichtern und in glänzenden Augen widerscheint, und das, was uns in Familien entzweit, für Augenblicke schweigt, und der gebrechliche Grossvater nochmals am Fest teilnehmen kann. Weihnachten ist ein Familienritual, das auch heute erstaunlich vital ist.

Welche Bedeutung haben solche Familienrituale wie die Weihnachtsfeier für den Zusammenhalt der Generationen? Was hat es auf sich mit rituellem Drang, Zwang und Einklang? Das sind im Folgenden meine Leitfragen. Familienrituale – Weihnachten, aber auch Feiertage wie der 1. August, Geburtstagsfeiern, Familienzusammenkünfte, Tischrituale – zeichnen sich dadurch aus, dass sie unterschiedliche Generationen in eine wiederholte, geregelte, sinnerfüllte Beziehung bringen. Das belegt eine lange empirische Forschungstradition. Familienrituale tragen zum Zusammenhalt der Generationen bei. Sie sorgen für die Tradition[1] kultureller Werte und Güter von einer Generation zur nächsten. Sie sind Orte des intergenerationellen Lernens. Sie sind «the core of family culture», das Kernstück der Familienkultur, wie Bosshard und Boll bereits Mitte des letzten Jahrhunderts schrieben (Bosshard & Boll, 1949). Solche Einsichten aus der Ritualforschung möchte ich mit einigen Daten aus empirischen Untersuchungen illustrieren, die ein Team des Instituts für Praktische Theologie in Bern im Rahmen des Nationalen Forschungsprogramms 52 («Kindheit, Jugend und Generationenbeziehungen im gesellschaftlichen Wandel») sammeln und interpretieren konnte. Wir untersuchten unterschiedliche Rituale in Familien mit Kindern (vgl. Morgenthaler & Hauri, 2010). Zwei dieser Rituale möchte ich einander kurz gegenüberstellen und daraus einige Folgerungen ableiten: nämlich Weihnachtsfeiern und Abendrituale, ein jahreszyklisches und ein tageszyklisches Familienritual.

---

[1] Im Sinne von Überlieferung, Weitergabe (lateinisch tradere = hinüber-geben)

Weihnachten

«Weihnachten ist wie ein Fussballspiel. Die Grosseltern bestimmen die Spielregeln, die Tradition; die Eltern organisieren alles und die Kinder schiessen das Tor.» So äussert sich ein Vater im Interview und bringt die Bedeutung von Weihnachten für den intergenerationellen Zusammenhalt bündig auf den Begriff. Alle Generationen leisten ihren Beitrag. Weihnachten als Fest ergibt sich – als «Weihnachtsspiel», als Inszenierung auf der Familienbühne – aus dem Zusammenwirken von mindestens drei Generationen, und jede Generation übernimmt dabei ihren besonderen Part. Das belegen auch die empirischen Daten (Baumann & Hauri, 2008).

Zuerst muss aber kurz eine Vorfrage geklärt werden: Inwiefern ist Weihnachten denn eigentlich ein Ritual? Barbara Fiese, eine US-amerikanische Ritualforscherin, deren Ideen wir aufgriffen, versucht, das Wesen von Familienritualen dadurch zu erfassen, dass sie unterschiedliche Merkmale unterscheidet, die eine familiäre Tätigkeit zu einem Familienritual machen (Fiese & Kline, 1993): Häufigkeit, Klarheit der Rollen, geregelter Ablauf, verpflichtender Charakter, besondere gefühlsmässige Beteiligung, symbolischer Gehalt, kontinuierliche Durchführung und Planung. Familien unterscheiden sich darin, wie und in welchem Ausmass sie ihr Familienleben in diesen Dimensionen ritualisieren.

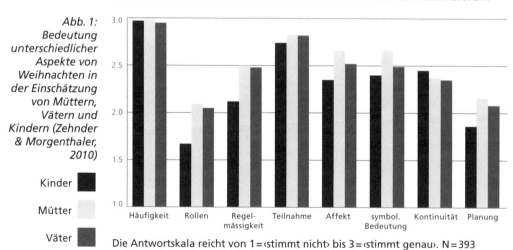

Abb. 1: Bedeutung unterschiedlicher Aspekte von Weihnachten in der Einschätzung von Müttern, Vätern und Kindern (Zehnder & Morgenthaler, 2010)

Kinder

Mütter

Väter

Die Antwortskala reicht von 1 = ‹stimmt nicht› bis 3 = ‹stimmt genau›. N = 393

Wie steht das nun bei Weihnachten? Ich kann nur wenige Aspekte hervorheben (vgl. Abb. 1): «Wir feiern immer Weihnachten.» Das bejahen unabhängig voneinander fast 100% der Väter, Mütter und Kinder, wenn sie gefragt werden (Zehnder & Morgenthaler, 2010). Der Drang ist da. Es wird erwartet, dass alle Familienmitglieder am Fest teilnehmen (Zwang lässt grüssen). Weihnachten ist für viele mit intensiven Emotionen verbunden und hat eine tiefere Bedeutung (Einklang klingt an). Interessant sind auch Details: Mütter nehmen Weihnachten deutlicher als affektgeladen, symbolträchtig und mit Planung verbunden wahr als Väter. Insgesamt sind sich aber die Eltern in ihrer Einschätzung des Ritualisierungsgrads von Weihnachten doch auch erstaunlich einig: Weihnachten läuft in vieler Hinsicht hoch ritualisiert ab. Interessant ist auch ein Blick auf die Kinder, hier zwischen 10 und 13 Jahren alt: Sie nehmen Weihnachten im Schnitt als weniger ritualisiert wahr als ihre Eltern, unterscheiden sich aber in der Einschätzung der verschiedenen Dimensionen der Ritualisierung von Weihnachtsfeiern nicht grundlegend von ihren Eltern. Das heisst: Eltern haben zwar ihre besondere Sicht auf diese Rituale, die sich aus ihrer Position in der Generationenfolge ergibt. Kinder können gewisse Dinge – wie zum Beispiel den Planungsaufwand – aus ihrer Perspektive noch nicht wirklich einschätzen. Aber ihre Antworten zeigen, dass sie den Ritualisierungsgrad von Weihnachten – und man kann dies auf andere Rituale ausweiten – recht präzise wahrnehmen. Sie wachsen in die rituelle Praxis hinein, die ihre Eltern in der Familie zuerst etablieren und entwickeln nach und nach ein ähnliches Verständnis dieser Abläufe wie die Eltern – eine Grundlage der intergenerationellen Tradition von Ritualen.

Abb. 2:
Intergeneratio-
nelle Kontinuität
von Familien-
ritualen (N=393,
Zehnder &
Morgenthaler,
2010)

(selektive)
Kontinuität

(selektive)
Diskontinuität

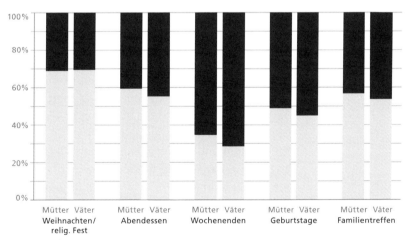

Nach der intergenerationellen Kontinuität dieser Rituale haben wir auch direkt gefragt (vgl. Abb. 2): Wie ähnlich ist in der Sicht der Eltern Weihnachten in der jetzigen Familie verglichen mit Weihnachten, wie sie in ihren Herkunftsfamilien gefeiert wurde oder noch wird? Und wie ist dies bei anderen Familienritualen? Der hellere Teil des Balkens zeigt jeweils, wie viele Prozent der Väter resp. Mütter sagen, das entsprechende Ritual verlaufe in ihrer jetzigen Familie gleich oder doch ähnlich ab wie in der Herkunftsfamilie. Weihnachten ist eindeutig der «Kontinuitätsleader». Auch die Abendessen und Familientreffen stehen in der Sicht der Eltern überdurchschnittlich in Kontinuität zu ihren Herkunftsfamilien. Anders ist dies bei Geburtstagen und besonders an Wochenenden: Sie verlaufen in der Wahrnehmung der Eltern deutlich anders oder ganz anders als in ihren Herkunftsfamilien. Nicht in allen Ritualen findet sich also eine gleich starke Kontinuität zwischen den Generationen. Dass Wochenenden heute von Familien oft anders gestaltet werden als vor 25–30 Jahren, leuchtet ein. Umso erstaunlicher ist die Kontinuität bei Weihnachten

Wie geschieht denn die Weitergabe der Weihnachtstraditionen an die nachfolgende Generation? In vielen Familien zeichnet sich folgendes Muster ab: Kinder lernen in den allermeisten Fällen in ihrer Herkunftsfamilie kennen, was Weihnacht bedeutet. Zum Grundszenario der Weihnachtsfeiern gehören in sehr vielen Familien das Weihnachtsessen, ein besinnlicher Moment um den Weihnachtsbaum und die Geschenke. Auch wenn die Kinder grösser werden, feiern sie Weihnachten oft noch in ihren Familien, wobei Ablösungskonflikte dazu führen können, dass sie – jetzt zu Jugendlichen geworden – manchmal auch aus den Weihnachtsfeiern ausscheren oder dass Familien ihre Weihnachtsfeiern den Bedürfnissen der Jugendlichen anpassen. Finden ein Mann und eine Frau aus unterschiedlichen Familien im Erwachsenenalter dann zusammen und werden ein Paar, feiern sie zu zweit zuerst meist noch nicht Weihnachten, jedenfalls nicht so wie sie zu Hause gefeiert wurde. Zu Diskussionen Anlass gibt höchstens die Frage, ob man zuerst – wenn überhaupt – in der Herkunftsfamilie des Mannes oder der Frau feiern geht. Dies ändert sich aber in den meisten Fällen, wenn Kinder kommen. Mit Kindern wird Weihnachten als Tradition in der Familie wieder aufgegriffen, wobei die jungen Eltern nun aushandeln müssen, in welcher Art sie Weihnachten feiern wollen, wie sie also die Weihnachtstraditionen der beiden Herkunftsfamilien verbinden oder sich von ihnen auch absetzen. Dabei stellt sich auf der nächsten Generationenebene die Frage, ob und wie man auch mit den Grosseltern – den Eltern der Eltern – zusammen feiern will. Neue Familienformen machen dies alles natürlich noch viel komplexer. Und trotzdem: Die Zahnräder der Generationenfolge greifen in vielen

Familien in der beschriebenen Weise ineinander und sorgen dafür, dass das Weihnachtsfest mit einer erstaunlichen Kontinuität von einer Generation zur nächsten weitertradiert wird.

Das Resultat dieser Aushandlungsprozesse lässt sich auch in Zahlen abbilden. In einer weiteren Befragung mussten Eltern angeben, wie oftmals sie Weihnachten feiern, welches für sie das wichtigste Weihnachtsfest ist und wer an diesem wichtigsten Weihnachtsfest teilnimmt (Baumann & Hauri, 2008). Die befragten Familien feiern einmal (27%), zweimal (44%) oder gar dreimal (25%) Weihnachten, wobei in neun von zehn Familien mindestens an einer Feier Grosseltern(-teile) anwesend sind. Das wichtigste Fest findet bei 78% der Familien am 24. Dezember abends statt; drei Viertel der Familien feiern bei sich zu Hause. Wer ist an diesem wichtigsten Fest anwesend? 32% der Familien feiern als Kernfamilie, 21% als Kernfamilie mit Grosseltern(-teilen). In 36% der Familien findet das Weihnachtsfest mit Grosseltern(-teilen) und weiteren Verwandten statt. In fast 60% der Familien sind Grosseltern also am wichtigsten Fest dabei. In nur 7% der Familien sind am Hauptfest nicht-verwandte Personen beteiligt.

Abendrituale

Neben den jahreszyklischen Ritualen – der 1. August und die Geburtstagsfeiern gehören auch dazu – gibt es in Familien auch tageszyklische Rituale, beispielsweise die Essen oder der Abschied, bevor die Kinder zur Schule gehen. Als Beispiel greifen wir Abendrituale von Familien mit Kindern im Vorschul- und Kindergartenalter auf (Morgenthaler, 2011). Eine Aussage eines Vaters von zwei quirligen Jungen verrät einiges davon, weshalb auch diese Rituale für den Generationenzusammenhalt wichtig sind: «... dass ich schon für mich noch so den Tag durch den Kopf gehen lasse und für mich überlege, auch wenn sie während dem Tag vielleicht Lausbuben waren und Dinge anstellten, aber am Abend muss ich dann meistens darüber lachen und denken, dass es doch gute sind und so mache ich mir noch meine Gedanken und hoffe, dass sie am Morgen noch leben.» Abendrituale scheinen für diesen Vater eine Möglichkeit, das eine oder andere, was am Tag schief gelaufen ist, auszugleichen und sich das grosse Geschenk, das Kinder mit ihrer Lebendigkeit sind, wieder bewusst zu machen. Sie sind in seiner Sicht also eine Art Reparaturwerkstatt für die Generationenbeziehungen in der Familie und den «guten Blick» der Eltern auf ihre Kinder.

In diesem Fall stehen die Eltern- und Kindergeneration innerhalb der Kernfamilie im Zentrum. Wenn man die Familien fragt, wer denn am Vorabend am Ritual beteiligt gewesen sei, zeigt sich dies sehr deutlich. Am häufigsten ist es die Mutter, die das Kind ins Bett gebracht hat (45,3%); oft waren Vater und Mutter gemeinsam beteiligt (31,9%), manchmal auch die Väter allein (11,8%). Verblüffend selten waren die Grosseltern in diesem Fall direkt im Spiel (0.7%). Indirekt allerdings doch. Die Eltern sind nämlich mehrheitlich der Meinung, die Abendrituale in ihren eigenen Familien verliefen sehr ähnlich oder doch ziemlich ähnlich wie in ihren Herkunftsfamilien. Auch bei diesem Ritual zeigt sich also eine deutliche, mehrgenerationelle Kontinuität.

Abb. 3:
Elemente von
Abendritualen
(N=1'346,
Morgenthaler,
2011)

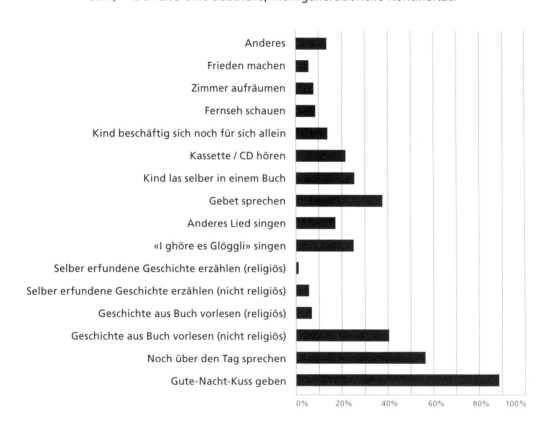

Was wird an diesen Abenden getan? Anders als bei Weihnachten gibt es kein klares Grundszenario. Familien gestalten ihre Abende sehr unterschiedlich, einige ritualisieren sie stark, andere wenig, einige brauchen fünf Minuten, andere anderthalb Stunden. Und doch: auch hier gibt es Elemente, die besonders häufig, und andere, die eher selten vorkommen (vgl. Abb. 3). Am häufigsten ist der Gute-Nacht-Kuss, es folgen das Tagesgespräch, das Erzählen einer Geschichte (wenn man die entsprechenden Rubriken zusammenfasst); erstaunlich häufig ist auch das Gebet. Die meisten dieser Tätigkeiten setzen eine Kooperation der beteiligten Generationen voraus. Selten beschäftigen sich Kinder in diesem Alter allein (wenn, dann lesen sie am häufigsten noch selbst in einem Buch).

Es wäre spannend, hier in die Details zu gehen. Wir haben beispielsweise genauer untersucht, wie Eltern Geschichten vorlesen, erzählen oder erfinden. Natürlich tut hier die Elterngeneration, wenn sie erzählt, etwas für die Kindergeneration. Spannend ist es aber auch, wie die Kinder sich am Erzählprozess beteiligen, wie sie emotional reagieren, nach der Bedeutung eines Wortes fragen, das sie nicht verstehen, ihre eigenen Assoziationen einbringen und anderes mehr. Es wird einem dabei eindrücklich bewusst: Kinder trainieren beim Vorlesen nicht nur Schlüsselkompetenzen für das Verstehen und Wiedergeben von Geschichten. Das Vorlesen selbst ist eine subtile Kooperation, verbindet die beiden Generationen, indem sie gemeinsam in etwas Drittes, eine Geschichte, einsteigen. Das lässt sich ausweiten: Auch vermittelt über andere Tätigkeiten – singen, beten, über Gott und die Welt philosophieren – werden kulturelle Überlieferungen an die Kinder weitergeben und Fähigkeiten trainiert. Abendrituale scheinen also für die Weitergabe von «kulturellem Kapital» von einer Generation an die nächste in diesem Alter sehr wichtig zu sein.

Abb. 4:
Mirjam betet mit
ihrer Puppe

Lernen in Ritualen geschieht allerdings nicht in erster Linie durch elterliche Instruktion. Vielmehr wird im Vollzug des Rituals ein Lied, ein Gebet, eine Geschichte aus der Tradition lebendig gemacht, in den Raum geholt, inszeniert, und die Kinder lernen daraus auch körperlich, durch Imitation und ganzheitliche Wahrnehmung, was es heisst, an einem Ritual teilzunehmen und darin bestimmte Stimmungen und Sinndeutungen zu erfahren. Ein kleines Beispiel kann dies illustrieren (Abb. 4): In einer Einzelfallstudie wurde aufgrund von Videoaufnahmen untersucht, wie die sechsjährige Mirjam ins Bett gebracht wurde. Zudem wurde dem Mädchen die Aufgabe gestellt, eine seiner Puppen ins Bett zu bringen. Vergleicht man die beiden Videoaufnahmen, zeigt sich: Mirjam brauchte beim Beten, das auch bei der Puppe beim Ins-

Abb. 5:
Motive von Eltern
(N= 1'346, Morgenthaler 2011)

Bett-Gehen nicht fehlen durfte, nicht nur in Kurzform ähnliche Worte wie die Mutter. Auch ihre Körperhaltung, die Art und Weise, wie sie die Hände der Puppe in ihre eigenen Hände nahm und zum Gebet zusammenführte und sich mit einem Gute-Nacht-Kuss verabschiedete, spiegelte sehr genau das, was die wirkliche Mutter am Abend am Bett Mirjams tat (Bichsel, 2003).

Die Bedeutung dieser Rituale zeigt sich auch, wenn man Eltern fragt, weshalb das Abendritual für sie wichtig ist (vgl. Abb. 5). Man erkennt auf einen Blick: Eltern weisen diesem Ritual im Schnitt eine grosse Bedeutung zu. Mehr als 90% finden beispielsweise, die Zeit vor dem Schlafen sei eine Zeit, in der Kinder Liebe und Zärtlichkeit von den Eltern erfahren. Wenn man die Motive inhaltlich unter die Lupe nimmt, geht es den Eltern bei den Abendritualen natürlich auch darum, die Kinder «herunterzufahren», wie es ein Vater ausdrückte. Besonders wichtig sind für die Eltern aber familienbezogene Motive: dass Kinder Halt und Geborgenheit erfahren, dass alle als Familie unter ein Dach gehören, dass sie miteinander etwas erleben, was ihnen als Familie gut tut, dass sie Ungutes vom Tag bereinigen können. Nach dem Urteil der Eltern sind diese Rituale also von erheblicher Bedeutung für den Zusammenhalt der Generationen in der Kernfamilie. Auch religiöse Motive, nach denen wir fragten, bekräftigen diesen Zusammenhalt der Generationen (z.B.: «Etwas steht über uns.»).

Drang, Zwang und Einklang

Was Familienrituale für den Generationenzusammenhalt in Familien bedeuten, lässt sich anhand der drei Stichworte nochmals zusammenfassen:

Drang: Nicht nur Menschen früherer Zeiten und anderer Kulturen befolgten Rituale. Rituale sind auch im Zusammenleben heutiger Familien in der Schweiz immer noch wichtig. Es scheint so etwas wie einen menschlichen Drang nach Ritualen zu geben. Rituale befriedigen elementare Bedürfnisse der verschiedenen Generationen nach Gemeinsamkeit, sinnerfüllten Tätigkeiten, Struktur und Verlässlichkeit. Sie erfüllen deshalb wichtige Funktionen im gemeinsamen Zusammenleben. Sie bringen unterschiedliche Generationen in eine regelmässige, strukturierte, bedeutungsvolle Interaktion. Rituale sind zudem wichtige Lernorte für Kinder (und auch Eltern!) und Orte, an denen kulturelles Kapital von einer Generation zur anderen weitergegeben wird.

Zwang: Rituale sind wie «Gehäuse», die von einer Generation nach der andern bewohnt, eingerichtet und manchmal umgebaut werden. Sie beruhen auf weitgehend unbewussten, Imitationsprozessen, durch die wir in das soziale Gefüge der Generationen eingebunden werden. Rituale haben einen hohen Verpflichtungscharakter, der manchmal auch als Zwang erlebt wird. Rituale können auch pervertieren. So schildert Heinrich Böll in einer bitterbösen Satire eine Familie, die nicht nur zur Weihnachtszeit, sondern auch im Frühling, im Hochsommer und Herbst Weihnachten zu feiern beginnt, immer wieder und immer gleich, damit Tante Milla nicht wieder einer jener schrecklichen Schreikrämpfe kriegt, mit denen das Verhängnis angefangen hatte ... (Böll, 1977).

Einklang: Rituale tragen durch die Typisierung von Rollen und Interaktionen und die in ihnen wirksamen Regeln zur Koordination des Austauschs zwischen den Generationen bei. Sie tragen damit zur Dauerhaftigkeit intergenerationeller Beziehungen bei. Sie sind oft – zumindest in bestimmten Teilen – mit starken positiven Emotionen zwischen den Generationen verbunden. Sie helfen, das verletzliche Gewebe menschlicher Beziehungen von einer Generation zur nächsten weiterzuspinnen.

Literatur

Baumann, M./Hauri, R. (Hrsg.), 2008: *Weihnachten – Familienritual zwischen Tradition und Kreativität*, Stuttgart etc.

Bichsel, R., 2003: *Abend-Talk mit dem Engelchef. Eine Fallstudie über das Abendgebet mit Kindern*, Bern (Lizentiatsarbeit).

Böll, H., 1977: *Nicht nur zur Weihnachtszeit*. In: Heinrich Böll. Werke. Romane und Erzählungen 1. 1947–1952, ergänzte Neuaufl. 1987, hrsg. v. Bernd Balzer, Köln, S. 810–838.

Bossard, J. H./Boll, E. S., 1949: *Ritual in Family Living*. In: American Sociological Review, 14 (4), 463–469.

Fiese, B. H./Kline, C. A., (1993): *Development of the Family Ritual Questionnaire: Initial Reliability and Validation Studies*. In: Journal of Family Psychology, 6 (3), 290–299.

Morgenthaler, Ch., 2011: *Abendrituale. Tradition und Innovation in jungen Familien*, Stuttgart.

Morgenthaler, Ch./Hauri, R. (Hrsg.), 2010: *Rituale im Familienleben. Inhalte, Formen und Funktionen im Verhältnis der Generationen*, München.

Zehnder, S./Morgenthaler, Ch., 2010: *Familienreligiosität und Rituale im Vergleich der Generationen*. In: Rituale im Familienleben, hrsg. v. Christoph Morgenthaler und Roland Hauri, München, S. 187–212.

Generationen zwischen Abbruch und Symbiose

Marc Szydlik

Einführung

Welche Bedeutung haben heutige Generationenbeziehungen für Individuen, Familien und Gesellschaften? Inwiefern können wir von einem starken Generationenzusammenhalt in der Familie sprechen, von ausgeprägten Unterstützungsleistungen zwischen Eltern und ihren (erwachsenen) Kindern? Welche Ursachen und Folgen hat diese Generationensolidarität in der Schweiz und im internationalen Vergleich? Dies sind Fragen des übergreifenden Generationenprojektes, das seit einigen Jahren am Soziologischen Institut der Universität Zürich angesiedelt ist.

Im Zentrum stehen dabei die Generationenbeziehungen unter Erwachsenen. Diese sind heute wichtiger als je zuvor, schon allein aufgrund der deutlich gestiegenen Lebensdauer im Zuge des demographischen Wandels und der brüchigeren Paarbeziehungen: Generationen bleiben. Dabei existieren allerdings einander widersprechende Generationenbilder, die auch gerne in Medienberichten oder Ratgeberbüchern vorgebracht werden: Autonomie, also Vereinzelung bzw. Individualisierung ist ein prominentes Generationenbild. Grosse Konflikte, die letztendlich sogar zum Beziehungsabbruch führen können, ist ein anderes. Mittlerweile wird neben solchen Krisenszenarien durchaus auch ein drittes Bild erwähnt, nämlich ein lebenslanger Zusammenhalt mit vielfältigen Formen gelebter Generationensolidarität. Einzelfälle lassen sich für alle möglichen Szenarien aufdecken, und so finden sich auch Belege für alle drei genannten Generationenbilder. Es stellt sich jedoch die Frage nach den grossen Linien und allgemeinen Mustern. Abgesehen von Ausnahmen und Besonderheiten: Wie stellen sich heutige Generationenbeziehungen unter Erwachsenen generell dar?

Hierbei werden in Zürich von der Forschungsgruppe AGES (Arbeit, Generation, Sozialstruktur)[1] zentrale Generationenaspekte genauer in den Blick genommen: Demographie, Wohnentfernung und Koresidenz, Kontakte, Hilfe und Pflege, Konflikte, aktuelle Zahlungen, Geschenke

[1] Die Mitglieder der Forschungsgruppe sind Klaus Haberkern, Bettina Isengard, Ronny König, Franz Neuberger und Tina Schmid. Frühere Mitarbeitende sind Martina Brandt, Christian Deindl und Corinne Igel. Für die Förderung sind wir der Universität Zürich und dem Schweizerischen Nationalfonds zu Dank verpflichtet.

und Erbschaften. Besonders wichtig ist auch der internationale Vergleich: 14 Länder inklusive der Schweiz werden auf Basis des «Survey of Health, Ageing and Retirement in Europe (SHARE)» untersucht, wobei die Bevölkerung ab 50 Jahren im Mittelpunkt steht, mit entsprechenden Informationen zu deren Generationenbeziehungen in auf- und absteigender Linie. Gerade mit dem internationalen Vergleich lassen sich wichtige Erkenntnisse zum Verhältnis von Individuum, Familie, Wohlfahrtsstaat und sozialer Sicherung gewinnen.

Im Folgenden werden zunächst einige allgemeine Überlegungen zu Generationenbeziehungen zwischen Abbruch und Symbiose unter Einbeziehung von Generationenkonflikten vorgestellt. Im zweiten Teil wird ein bedeutsamer Aspekt der Generationensolidarität herausgegriffen, nämlich Vererbungen – analog zur entsprechenden Schwerpunktsetzung von Michelle Cottier aus juristischer Sicht. Der Beitrag schliesst mit einem kurzen Fazit.

Generationen zwischen Abbruch und Symbiose

Abbildung 1 versucht eine Verortung von Generationenbeziehungen innerhalb von vier Polen: Harmonie und Streit, Symbiose und Abbruch. Dabei wird einerseits eine Konfliktlinie, andererseits eine Solidaritätslinie gezeichnet. Es handelt sich somit jeweils um Pole eines gedachten Kontinuums, innerhalb dessen sich die realen Familienverhältnisse ausdrücken und entwickeln. Die Konfliktlinie reicht von völliger Harmonie bis zum grössten Streit, die Solidaritätslinie verbindet das Gegensatzpaar «Symbiose» und «Abbruch». Mit «Generationensolidarität» sind sowohl emotionale Bindungen (affektive Solidarität) als auch gemeinsame Aktivitäten (assoziative Solidarität) und vielfältige Unterstützungsleistungen (funktionale Solidarität) gemeint, also das Geben und Nehmen von Geld, Zeit und Raum (Szydlik, 2000, S. 34ff.; Bengtson & Roberts, 1991).

An den gedachten Polen finden sich in der Realität nur wenige Familien. Unendliche Harmonie, heftigster Streit, absolute Symbiose und endgültiger Beziehungsabbruch sind Ausnahmen. Die meisten Generationenbeziehungen dürften sich etwa im Bereich der hier aufgetragenen Ellipse finden, also der konsensuellen Solidarität. Wenn man sich empirische Generationenstudien vor Augen hält, stellt man nämlich eine starke, durchaus lebenslange Solidarität fest: Eltern unterstützen ihre Kinder nicht nur in jungen Jahren (z.B. Suter & Höpflinger, 2008; Buchmann & Kriesi, 2010), sondern die Familiengenerationen sind auch im Erwachsenenalter bei eigenen Wohnungen eng miteinander verbunden. Dies sind vor dem Hintergrund von Krisen-, Konflikt- und Autonomieszenarien durchaus überraschende Ergebnisse. Dabei weisen die empirischen Befunde – für die Schweiz und auch im internationalen Vergleich – durchweg in dieselbe Richtung (z.B. Brandt, Haberkern, & Szydlik, 2009; Höpflinger, 1999; Nauck, 2009; Perrig-Chiello, Höpflinger, & Suter, 2008; Rossi & Rossi, 1990; Silverstein & Bengtson, 1997; Szydlik, 2000, 2011, 2012). Es zeigen sich häufige Kontakte zwischen Eltern und erwachsenen Kindern, eine enge emotionale Verbundenheit und vielfältige Unterstützungen. Dazu gehören Hilfen im Haushalt und bei bürokratischen Angelegenheiten, Aufmerksamkeit, Zuhören und Ratschläge, finanzielle Unterstützungen in Form von regelmässigen Zahlungen oder punktuell bei besonderen Notlagen, mehr oder weniger grosse Sachgeschenke und nicht zuletzt intensive Pflegeleistungen für ältere Eltern sowie Vererbungen von kleinen Nachlässen bis hin zu grossen Vermögen.

Abb. 1:
Konflikt und
Solidarität

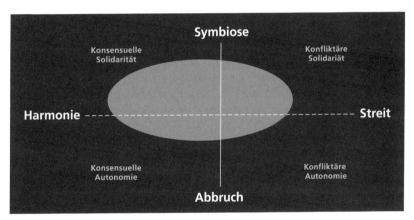

Die Positionierung der Konflikt- und Solidaritätslinien soll verdeutlichen, dass Konflikt und Solidarität kein Gegensatz sein muss. Dies wird häufig explizit oder implizit behauptet, wenn ein Konfliktszenario als Gegenteil eines Generationenzusammenhalts dargestellt wird. Mit Abbildung 1 wird jedoch unterstellt, dass auch bei Generationenkonflikten weiterhin emotionale Bindungen, Kontakte und nicht zuletzt Unterstützungsleistungen existieren können. Umgekehrt ist es durchaus möglich, dass auch bei einem engen Zusammenhalt von Eltern und erwachsenen Kindern Auseinandersetzungen auftreten. Manche Beziehungen werden als zu eng und klammernd wahrgenommen, finanzielle Unterstützungen mögen mit impliziten oder expliziten

Ansprüchen (Macht, Anerkennung, Aufmerksamkeit, Gegengaben) verbunden sein, Hilfe und Pflege können überfordern – und all dies kann zu Konflikten führen.

Gleichzeitig können konstruktiv ausgetragene Konflikte weniger Gefahr denn Chance eines gelungenen Generationenverhältnisses sein. Von Respekt geprägte Kontroversen erlauben es, Standpunkte zu erläutern, Verständnis füreinander aufzubringen, die Beziehung weiter zu entwickeln und sich auch bei divergierenden Interessen und Meinungen im Sinne einer gelebten Generationensolidarität zu unterstützen. Dabei dürfte es nicht zuletzt von den Konfliktursachen und der Art und Weise der Auseinandersetzungen abhängen, ob sich diese letztendlich als konstruktiv oder destruktiv erweisen.

Man darf allerdings auch nicht ein zu optimistisches Konfliktbild zeichnen. Zwar weisen empirische Studien in Hinblick auf ausgeprägte Generationenkonflikte darauf hin, dass diese insgesamt tatsächlich selten auftreten. In der Hälfte dieser Fälle wird aber durchaus von einer Vermeidung der anderen Person gesprochen (Szydlik, 2008).

Vererbungen im Generationenkontext

Vererbungen auf der einen und Erbschaften auf der anderen Seite sind ein Familienthema. Genauer gesagt sind es die Familien*generationen*, die Vererbungen tätigen und Erbschaften erhalten. Empirische Befunde bestätigen dies national wie international: Erbschaften gehen vor allem auf die Eltern zurück (Szydlik, 2000, 2011; s. auch Stutz, Bauer, & Schmugge, 2007; Leopold & Schneider 2010). Damit sind Vererbungen in übergreifende Familienprozesse eingebettet. Vor dem Erbfall können erwartete Nachlässe die Familienbeziehungen beeinflussen, und mit der Erbschaft gehen Trauerzeiten, Aneignungsprozesse und eine Neuausrichtung der Familienbeziehungen einher. Emotionale Bewertungen des Erbgeschehens treffen dabei durchaus auch auf finanzielle Erwägungen (s. z.B. Bernheim & Severinov, 2003; Bertaux & Bertaux-Wiame, 1991; Lettke, 2004; Parkes & Prigerson, 2010). Gleichzeitig zeigen empirische Befunde, dass beträchtliche Erbschaften ein relativ seltenes Ereignis sind und vor allem einer kleineren Bevölkerungsgruppe zugute kommen: Es sind eher solche erwachsenen Kinder, die bereits zeitlebens von den Ressourcen ihrer Eltern profitiert haben, die schliesslich auch nennenswerte Nachlässe erhalten.

In der internationalen empirischen Erbschaftsstudie (ausführlich: Szydlik, 2011) auf Basis des «Survey of Health, Ageing and Retirement in

Europe (SHARE)» werden 14 Länder betrachtet: Belgien, Dänemark, Deutschland, Frankreich, Griechenland, Irland, Italien, Niederlande, Österreich, Polen, Schweden, Schweiz, Spanien und die Tschechische Republik. In der Erhebung wurden u.a. zwei Erbschaftsfragen gestellt: «(...) Haben Sie oder Ihr Partner jemals ein Geschenk erhalten oder eine Erbschaft in Geld, Gegenständen oder Immobilien gemacht, deren Wert über 5000 Euro lag?» sowie «Wenn Sie an die nächsten zehn Jahre denken – für wie wahrscheinlich halten Sie es, dass Sie eine Erbschaft machen werden (eingeschlossen Grundstücke, Immobilien und andere Wertgegenstände)?».

Dabei zeigen sich über die Länder hinweg durchaus ähnliche Muster. Da Erbschaften vor allem von den Eltern stammen, kommen die Nachlässe ihren Kindern insbesondere in deren zweiten Lebenshälfte zugute. Man könnte somit vermuten, dass Vererbungen zu einer besseren Alterssicherung beitragen und damit auch eine Verringerung wohlfahrtsstaatlicher Transferleistungen leichter verkraftbar wäre. Allerdings wird diese Vermutung von den empirischen Befunden nicht gestützt. Gerade solche Bevölkerungsgruppen, die einen Rückzug des Wohlfahrtsstaates aufgrund des demographischen Wandels weniger verkraften können, sind bei Erbschaften im Nachteil. Sie können nämlich besonders selten mit solchen finanziellen Zuwächsen rechnen. Es sind eher die bereits wohlhabenden erwachsenen Kinder – also auch solche, die bereits über eine gute Alterssicherung verfügen –, denen nennenswerte Nachlässe zuteil werden.

Finanziellem Bedarf wird durch Vererbungen in der Regel wenig entsprochen. Wer zur Miete wohnt und über kein Wohneigentum verfügt, gehört seltener zu den Erben. Wer mit seinem Haushaltseinkommen weniger gut auskommt, erhält kaum einen Nachlass. Wer noch niemals geerbt hat, hat geringere Chancen, etwas zu erhalten. Wer über eine geringere Bildung verfügt und damit in vielerlei Hinsicht schlechtere Chancen auf bessere soziale Positionen hat, ist auch beim Erben benachteiligt. Wer Migrant ist, erbt deutlich seltener. Lediglich zwischen Frauen und Männern zeigen sich keine signifikanten Differenzen: Offenbar unterscheiden Eltern heutzutage generell nicht mehr zwischen Töchtern und Söhnen. Viel wichtiger ist es, aus welcher Familie man stammt.

Neben der (Herkunfts-)Familie spielt ein weiterer Faktor eine wesentliche Rolle, und dies ist das Land. Dabei werden internationale Differenzen beim Erbgeschehen wiederum über die Familiensituation «vermittelt». Die Möglichkeit von Eltern, beträchtlichen Besitz an ihre

Kinder weiterzugeben, hängt nicht zuletzt von Kontextfaktoren beim Vermögensaufbau ab. Dabei gehören im internationalen Vergleich gerade Schweizer Nachkommen zu den Erbgewinnern. Besonders viele Nachlässe fallen den Befunden zufolge daneben in Schweden, Dänemark und Belgien an. Im oberen Mittelfeld liegen Frankreich, Westdeutschland und die Niederlande. Das untere Mittelfeld stellen Griechenland, Spanien, Italien und Österreich. Besonders seltene Erbchancen existieren in Ostdeutschland, Irland, der Tschechischen Republik und in Polen.

Höhere Vermögen in einem Land gehen mit häufigeren Vererbungen einher. Spannend ist auch der Vergleich zwischen West- und Ostdeutschland, der sehr langfristige Folgen divergierender ökonomischer und politischer Regimes für Familiengenerationen zutage bringt: Wenn die Eltern deutlich geringere Chancen zum Vermögensaufbau hatten, können die erwachsenen Kinder wesentlich seltener erben.

Auch zukünftig ist eine Umkehrung der länderspezifischen Erbchancen nicht in Sicht. Gerade dort, wo bereits in der Vergangenheit vergleichsweise viel geerbt werden konnte, wird dies auch für die Zukunft erwartet. Gerade in Ländern, die bisher besonders gute Vermögens- und Vererbungsmöglichkeiten bieten, werden weiterhin besonders viele Erben leben. Man darf aber auch hier nicht vergessen: Grössere Nachlässe kommen überall nur einer relativ kleinen Bevölkerungsschicht zugute.

Fazit

Eine allgemeine Krise der Familiengenerationen ist nicht in Sicht. Sicherlich lassen sich auch Generationenbeziehungen herausstellen, die einem Krisenszenario entsprechen. Es gibt Eltern und erwachsene Kinder, die sich im heftigen Konflikt befinden und die in starke Auseinandersetzungen miteinander verstrickt sind. Auch ein Autonomieszenario mit dem vorherigen mehr oder weniger explizit geäusserten Abbruch der Generationenbeziehung lässt sich nachweisen. Es gibt solche Fälle. Dies gilt auch für erwachsene Kinder und Eltern(teile), deren Beziehung man als symbiotisch bezeichnen kann. Hier haben die Generationen ein solch enges Verhältnis zueinander entwickelt, dass andere Beziehungen daneben kaum mehr Platz finden. Schliesslich, als weiterer Pol besonderer Generationenverhältnisse, lässt sich ein Harmoniebild zeichnen. Dieses ist von einer stark ausgeprägten Konsensorientierung gekennzeichnet, wobei bereits jedwede Diskussion als Gefährdung des Status quo erscheint.

Dies sind Extrempositionen, wie sie anhand der Abbildung an den jeweiligen Enden der Konflikt- und Solidaritätslinien aufscheinen. Die Realität der allermeisten Generationenbeziehungen liegt allerdings dazwischen: zwischen heftigstem Streit und uneingeschränkter Harmonie, zwischen endgültigem Abbruch und völliger Symbiose. Empirische Befunde lassen dabei darauf schliessen, dass sich die Mehrheit der heutigen erwachsenen Generationenbeziehungen innerhalb der gezeichneten Ellipse verorten lassen. Summa summarum überwiegt die konsensgeprägte Solidarität. Auf der einen Seite halten sich starke Konflikte – die durchaus auch die Möglichkeit des Beziehungsabbruchs beinhalten – in Grenzen. Auf der anderen Seite existieren nur wenige Generationenverhältnisse, die durch Autonomie bzw. völlige Individualisierung gekennzeichnet sind. Im Gegenteil lässt sich das Verhältnis von erwachsenen Kindern und Eltern durch häufige Kontakte und vielfältige Unterstützungsleistungen charakterisieren. Diese halten in der Regel zeitlebens an. Familiengenerationen sind in der Tat durch ausserordentlich lang andauernde, stabile und intensive Beziehungen miteinander verbunden.

Die starke Generationensolidarität hat für Individuen und Familien grosse Bedeutung. Sie hängt aber auch sehr von Ressourcen ab. Eltern, die über mehr Mittel verfügen, können ihren Kindern auch im Erwachsenenalter zeitlebens mehr geben. Dies gilt sogar über den Tod hinaus, wie das Beispiel Erbschaften eindrücklich zeigt. Im internationalen Vergleich nimmt die Schweiz hierbei eine Spitzenposition ein: In einem Land mit besonders grossem Wohlstand zeigen sich auch deutlich mehr und höhere Erbschaften. Generationensolidarität hat hiermit – bei allen willkommenen Auswirkungen – auch beträchtliche Folgen für soziale Ungleichheit. Wer hat, dem wird gegeben. Der Zusammenhang von ressourcengeprägtem Familienzusammenhalt und gesellschaftlicher Ungleichheit ist wesentliches Merkmal aktiv gelebter Generationensolidarität.

Literatur

Bengtson, V. L./Roberts, R. E. L., 1991: *Intergenerational solidarity in aging families: An example of formal theory construction.* In: Journal of Marriage and the Family, 53/4, S. 856–870.

Bernheim, B. D./Severinov, S., 2003: *Bequests as signals: An explanation for the equal division puzzle.* In: Journal of Political Economy, 111/4, S. 733–764.

Bertaux, D./Bertaux-Wiame, I., 1991: «*Was du ererbt von deinen Vätern…*» – *Transmissionen und soziale Mobilität über fünf Generationen.* In: BIOS, Zeitschrift für Biographieforschung und Oral History, 4/1, S. 13–40.

Brandt, M./Haberkern, K./Szydlik, M., 2009: *Intergenerational help and care in Europe.* In: European Sociological Review, 25/5, S. 585–601.

Buchmann, M./Kriesi, I., 2010: *Schuleintritt und Schulleistungen im mittleren Primarschulalter.* In: Schweizerische Zeitschrift für Soziologie, 36/2, S. 325–344.

Höpflinger, F., 1999: *Generationenfrage – Konzepte, theoretische Ansätze und Beobachtungen zu Generationenbeziehungen in späteren Lebensphasen.* Lausanne.

Leopold, Th./Schneider, Th., 2010: *Schenkungen und Erbschaften im Lebenslauf – Vergleichende Längsschnittanalysen zu intergenerationalen Transfers.* In: Zeitschrift für Soziologie, 39/4, S. 258–280.

Lettke, F., 2004: *Subjektive Bedeutungen des Erbens und Vererbens – Ergebnisse des Konstanzer Erbschafts-Surveys.* In: Zeitschrift für Soziologie der Erziehung und Sozialisation, 24/3, S. 277–302.

Nauck, B., 2009: *Patterns of exchange in kinship systems in Germany, Russia, and the People's Republic of China.* In: Journal of Comparative Family Studies, 40/2, S. 255–278.

Parkes, C. M./Prigerson, H. G., 2010: *Bereavement – Studies of grief in adult life,* London.

Perrig-Chiello, P./Höpflinger, F./Suter, Ch., 2008: *Generationen – Strukturen und Beziehungen. Generationenbericht Schweiz,* Zürich.

Rossi, P. H./Rossi, A. S., 1990: *Of human bonding: Parent-child relations across the life course,* New York.

Silverstein, M./Bengtson, V. L., 1997: *Intergenerational solidarity and the structure of adult child-parent relationships in American families.* In: American Journal of Sociology, 103/2, S. 429–460.

Stutz, H./Bauer, T./Schmugge, S., 2007: *Erben in der Schweiz – Eine Familiensache mit volkswirtschaftlichen Folgen.* Zürich/Chur.

Suter, Ch./Höpflinger, F., 2008: *Intergenerationelle Vermittlung von Bildung und Status.* In: Generationen – Strukturen und Beziehungen. Generationenbericht Schweiz, hrsg. v. Pasqualina Perrig-Chiello, François Höpflinger und Christian Suter, Zürich, S. 135–144.

Szydlik, M., 2000: *Lebenslange Solidarität? Generationenbeziehungen zwischen erwachsenen Kindern und Eltern,* Opladen (www.suz.uzh.ch/szydlik).

Szydlik, M., 2008: *Intergenerational solidarity and conflict.* In: Journal of Comparative Family Studies, 39/1, S. 97–114.

Szydlik, M., 2011: *Erben in Europa.* In: Kölner Zeitschrift für Soziologie und Sozialpsychologie, 63/4, S. 543–565.

Szydlik, M., 2012: *Von der Wiege bis zur Bahre: Generationentransfers und Ungleichheit.* Erscheint in: Sozialbericht 2012, Zürich.

Soll das Gut noch fliessen wie das Blut?
Familienbilder in aktuellen Diskussionen zur Reform des Erbrechts[1]

MICHELLE COTTIER

Einleitung

Das Erbrecht ist ein Rechtsgebiet, dem eine gewisse Starrheit und Unbeweglichkeit nachgesagt wird. So wurden die erbrechtlichen Bestimmungen des Schweizerischen Zivilgesetzbuches seit ihrem Inkrafttreten im Jahr 1912 im Vergleich etwa zum Familienrecht wenig häufig revidiert. «Das Gut fliesst wie das Blut» – nach wie vor hat dieser germanischrechtliche Grundsatz einen zentralen Stellenwert im Schweizer Erbrecht (vgl. etwa Breitschmid, 2007).

Seit Kurzem häufen sich nun aber die politischen Vorstösse mit Vorschlägen zur Reform des Erbrechts, und auch in der Rechtswissenschaft hat sich die Reformdebatte intensiviert. Anlass ist die in den letzten Jahrzehnten festzustellende Pluralisierung der Lebensformen.

Der Ball liegt nun beim Bundesrat respektive beim Bundesamt für Justiz. Der Bundesrat hat vom Parlament aufgrund einer Motion von Felix Gutzwiller den Auftrag erhalten, «das über hundertjährige, nicht mehr zeitgemässe Erb-/Pflichtteilsrecht flexibler auszugestalten und es den stark geänderten demografischen, familiären und gesellschaftlichen Lebensrealitäten anzupassen.»[2]

Im Folgenden soll den Familienbildern nachgegangen werden, die das Erbrecht heute prägen, und nach möglichen normativen Orientierungen für das Erbrecht der Zukunft gefragt werden. Um zu verdeutlichen, um welche Lebenssituationen es geht, soll mit einem kleinen Fallbeispiel ins Thema eingestiegen werden. Sodann werden einige Grundinformationen zum Erbrecht nach geltendem Schweizer Erbrecht vermittelt. Anschliessend wird der Wandel der gesellschaftlichen Realität dargestellt, der Anlass zur Reformdiskussion gibt. Zum Schluss werden die normativen Orientierungen diskutiert, die zur Zeit zur Debatte stehen.

Fallbeispiel: Eine ganz normale Patchwork-Familie

Lena liebt zunächst Andreas, die beiden heiraten, die Tochter Laura wird geboren. Doch schon während der Schwangerschaft hatte es

---

[1] Schriftliche Fassung des am 10. Dezember 2011 an der Universität Bern gehaltenen Vortrags. Für eine vertieftere Auseinandersetzung mit dem Thema vgl. Cottier (2010).

[2] Motion Gutzwiller 10.3524 vom 17.6.2010, «Für ein zeitgemässes Erbrecht».

gekriselt, die Scheidung erfolgt als Laura zwei Jahre alt ist. Das Sorgerecht wird Lena zugeteilt, Andreas wird aber eine wichtige Rolle im Leben von Laura behalten und zahlt in ganz vorbildlicher Weise die Unterhaltsbeiträge für Laura.

Zu ihrem grossen Glück lernt Lena nach der Scheidung beim Spazieren im Park Peter kennen, die beiden verlieben sich, kurz darauf zieht Lena mit Laura bei Peter ein. Peter ist auch geschieden, er hat einen Sohn aus dieser Beziehung, Rolf, der drei Jahre älter ist als Laura, doch Peter hat den Kontakt zu seinem Sohn wegen des Streits mit der Mutter des Kindes abgebrochen und wird ihn auch später nicht wieder aufnehmen. Als «gebrannte Kinder» entscheiden sich Lena und Peter gegen eine Heirat.

15 Jahre später lebt Lena mit Peter unverheiratet zusammen, sie ist nach wie vor Hausfrau und Mutter. Sie hat sich entschieden, auf eine Erwerbstätigkeit zu verzichten, weil Peter genug verdient, um die ganze Familie zu ernähren. Lena und Laura, die heute 17 Jahre alt ist, wohnen im Haus, das in Peters Alleineigentum steht.

Laura betrachtet Peter als ihren sozialen Vater, sie hat aber noch Kontakt zu ihrem leiblichen Vater Andreas und wird von ihm nach wie vor finanziell unterstützt. Nun geschieht das Unerwartete: Peter, er ist erst 45 Jahre alt, verstirbt ganz plötzlich. Er hat weder ein Testament verfasst noch einen Erbvertrag abgeschlossen.

Eine Variante der Geschichte soll ebenfalls diskutiert werden:

Peter weiss, dass er todkrank ist. Er verfasst ein Testament, in dem er Laura und Lena je zur Hälfte als Erben einsetzt. Rolf soll nichts erhalten. Welche Ansprüche haben Lena, Laura und Rolf in diesen beiden Varianten nach geltendem Schweizer Recht in Bezug auf Peters Nachlass?

Das Schweizer Erbrecht heute[3]
Gesetzliches Erbrecht

Die Situation des Versterbens von Peter ohne Testament oder Erbvertrag bedeutet, dass das sogenannte gesetzliche Erbrecht zur Anwendung kommt. Für Lena und Laura ist diese Regelung wenig vorteilhaft: Grundsätzlich kann gesagt werden, dass das gesetzliche Erbrecht nur sogenannte Statusbeziehungen anerkennt. Es sind also quasi nur Beziehungen relevant, die im Zivilstandsregister eingetragen sind.

---

3 Vgl. zur Einführung ins Schweizer Erbrecht Breitschmid et al. (2010); Hrubesch-Millauer (2011); Druey (2002). Ratgeberliteratur: Gabathuler (2010); Studer (2010); Flüe (2011).

Das gesetzliche Erbrecht orientiert sich zunächst an der Regel: das Gut fliesst wie das Blut. Es erben die Verwandten des oder der Verstorbenen, im erbrechtlichen Zusammenhang Erblasser oder Erblasserin genannt. Als Ordnungsprinzip wählt das Gesetz die Parentelen, zunächst kommt die erste Parentel, die der Nachkommen (Kinder und Kindeskinder) zum Zug, und nur wenn der Erblasser oder die Erblasserin keine Nachkommen hinterlässt, geht das Erbe an die zweite Parentel, das sind die Eltern des Erblassers oder der Erblasserin und deren Nachkommen, also Geschwister und Nichten und Neffen. Wenn aus der zweiten Parentel niemand mehr existiert, geht das Erbe an die dritte Parentel, also die Grosseltern und ihre Nachkommen (in der Regel Onkel und Tanten oder Cousins und Cousinen und deren Nachkommen).[4]

Gleichsam ausserhalb des Parentelensystems stehen Ehegatten oder eingetragene gleichgeschlechtliche Partnerinnen und Partner. Sie erhalten die Hälfte der Erbschaft neben den Nachkommen des Erblassers, drei Viertel neben der elterlichen Parentel und den ganzen Nachlass neben der dritten Parentel oder wenn keine Verwandten da sind.[5]

Sind gar keine Verwandten und kein Ehegatte oder eingetragener Partner, resp. eingetragene Partnerin da, geht der Nachlass an das Gemeinwesen.[6]

Was bedeutet das nun für unseren Fall? Lena und Laura fallen unter keine der vom Gesetz genannten Kategorien. Rolf ist Alleinerbe. Lena und Laura erben nichts. Konkret bedeutet dies, dass Rolf Lena und Laura aus dem Haus weisen kann, sie haben nicht einmal Anspruch auf persönliche Erinnerungsstücke, sollten diese im Eigentum von Peter gewesen sein.

Pflichtteilsrecht

In der Variante des Falls hinterlässt Peter ein Testament. Es fragt sich, ob er damit den Pflichtteil von Rolf verletzt, den er ganz als Erben ausschliessen möchte.

Die Höhe des Pflichtteils nach Schweizer Recht beträgt für Nachkommen drei Viertel des gesetzlichen Erbanspruchs.[7] Mit dem gesetzlichen Anspruch ist die Quote gemeint, die die betreffende Person erhalten hätte, wenn der Erblasser ohne Testament gestorben wäre.

---

[4] Artikel 457 ff. des Schweizerischen Zivilgesetzbuches (ZGB).
[5] Artikel 462 ZGB.
[6] Artikel 466 ZGB.
[7] Artikel 471 Ziffer 1 ZGB.

Für jeden Elternteil des Erblassers (bei Abwesenheit von Nachkommen) wie auch für den überlebenden Ehegatten und die eingetragene Partnerin oder den eingetragenen Partner beträgt der Pflichtteil die Hälfte des gesetzlichen Anspruchs.[8]

In unserem Fall umfasst der gesetzliche Anspruch von Rolf den ganzen Nachlass, dies bedeutet, dass er einen Pflichtteil in der Höhe von drei Viertel des Nachlasses hat. Er kann die sogenannte Herabsetzung der Begünstigung von Lena und Laura auf das erlaubte Mass von einem Viertel verlangen. Rolf erhält drei Viertel und damit den grössten Teil des Kuchens, Lena und Laura erhalten den verbleibenden Viertel, d.h. je einen Achtel.

Es erscheint offensichtlich: Dieses an den Statusbeziehungen orientierte Erbrecht passt für die Bedürfnisse unserer ganz normalen Patchwork-Familie nicht.

Aktueller Wandel der gesellschaftlichen Realität

Das Beispiel steht für Entwicklungen, die in der Soziologie mit dem Begriff «Pluralisierung der Familienformen» bezeichnet werden (vgl. etwa Peuckert, 2008, S. 16ff.; Nave-Herz, 2009, S. 13ff.). Pluralisierung bedeutet, dass sich heute eine grössere Vielfalt an gelebten Familien- und Lebensformen zeigt – jedenfalls im Vergleich zu den fünfziger Jahren des 20. Jahrhunderts, das als das «Golden Age of Marriage», das goldene Zeitalter der Ehe bezeichnet wird, und als die auf lebenslanger Ehe beruhende Kleinfamilie als Standardlebensform galt und auch gelebt wurde.

Die Zunahme von Ehescheidungen führt dazu, dass immer mehr Menschen im Laufe ihres Lebens verschiedene Partnerschaften eingehen und insbesondere auch Kinder aus verschiedenen Beziehungen haben. In Folge dessen ist die Einelternschaft, das Zusammenleben mit Kindern aus verschiedenen Partnerschaften (so genannte «Patchwork-Familien»), aber auch der Abbruch einer einmal eingegangenen Eltern-Kind-Beziehung eine zunehmend gelebte Familienrealität. Zudem sind nichteheliche Lebensgemeinschaften mit oder ohne Kinder in Zunahme begriffen. Auch gleichgeschlechtliche Paare verwirklichen zunehmend ihren Kinderwunsch, sei es mittels Fortpflanzungstechnologie oder Adoption. In diesem Zusammenhang gibt es gelebte Beispiele von mehrfacher Elternschaft, wenn also z.B. das lesbische Paar gemeinsam mit dem biologischen Vater das Kind aufzieht.

---

8 Artikel 471 Ziffer 2 ZGB.

Parallel zur Pluralisierung gelebter Familienarrangements hat sich ein Wandel auf der Ebene der familienbezogenen Werte und des Selbstverständnisses von Familien vollzogen, der zu einer Deinstitutionalisierung der bürgerlichen Familienform und der Akzeptanz einer Vielfalt von Varianten von Eltern- und Partnerschaft geführt hat.

Dies hat sich in der Schweiz auch bereits in Reformen des Familien- und Erbrechts niedergeschlagen, etwa in der weitgehenden Gleichstellung von nichtehelichen und ehelichen Kindern in den 1970er Jahren und der Schaffung des Partnerschaftsgesetzes für gleichgeschlechtliche Paare im Jahr 2007.

Wie unser Beispiel zeigt, reicht dies aber noch nicht. Es gibt eine Reihe von Konflikt- oder Problemzonen, die nach wie vor bestehen:

Entfremdung im Eltern-Kind-Verhältnis nach Scheidung der Eltern: Das Beispiel des Verhältnisses zwischen Rolf und Peter zeigt, dass wenn es zu einer Entfremdung im Eltern-Kind-Verhältnis – meist im Vater-Kind-Verhältnis – nach der Scheidung der Eltern gekommen ist, das Bedürfnis besteht, das entfremdete Kind vom Nachlass auszuschliessen.[9]

Gleichbehandlung von Kindern aus verschiedenen Partnerschaften, von eigenen und Stiefkindern: Aus Studien wissen wir aber, dass Eltern in der Regel alle eigenen Kinder gleich behandeln möchten, auch wenn sie aus verschiedenen Partnerschaften stammen. Dies erstreckt sich zum Teil auch auf Kinder der Partnerin oder des Partners, also auf Stiefkinder, wenn eine nahe Beziehung zu ihnen besteht (Lettke, 2006, S. 3838). Das Ziel der Gleichbehandlung ist allerdings unter anderem aufgrund der Pflichtteile nicht einfach zu realisieren.

Kinder aus früheren Beziehungen versus neue Partnerin oder neuer Partner: Aus der Sicht der Kinder kommt bei einer neuen Partnerschaft der Eltern, gerade wenn sie erst spät im Leben begonnen wird, oftmals der Verdacht der Erbschleicherei auf. Umgekehrt wissen wir aus empirischen Studien, dass für Menschen mit Kindern der zweite Partner in den Vererbungsplänen klar hinter die Kinder zurücktreten muss (Lettke, 2006, S. 3838; Finch & Mason, 2000, S. 35 ff.).

Kinderlose, nicht verheiratete respektive eingetragene Partnerin oder eingetragener Partner versus Eltern: Ein weiteres Konfliktpotenzial birgt das Pflichtteilsrecht der Eltern, das bei kinderlosen Menschen zur Anwendung kommt. Wenn die eigenen Eltern noch leben, dann ist

---

9 Eine US-amerikanische Studie aus den 1970er Jahren hat etwa ergeben, dass 23 % der Befragten ihre Kinder aus früherer Ehe zugunsten einer neuen Ehepartnerin oder eines neuen Ehepartners enterben würden (vgl. Fellows, Simon, & Rau, 1978, S. 366).

es nicht einmal mit einer testamentarischen Verfügung möglich, den eigenen Partner als Alleinerben vorzusehen, nicht einmal wenn man mit ihm verheiratet ist.

Welche Orientierung für die Erbrechtsreform?

Angesichts des oben skizzierten gesellschaftlichen Wandels werden in der juristischen Literatur verschiedene Reformideen diskutiert.

Besonders intensiv wird die Debatte um das Pflichtteilsrecht der Nachkommen geführt (vgl. im Einzelnen Cottier, 2010, S. 208 ff.). Vorgeschlagen wird eine Abschaffung oder zumindest Reduktion respektive Flexibilisierung des Pflichtteilsrechts. Hintergrund ist zum einen die erwähnte Entfremdung in der Eltern-Kind-Beziehung. In Österreich kann bereits heute der Pflichtteil vom Erblasser dann auf die Hälfte herabgesetzt werden, wenn er zu seinem Kind «zu keiner Zeit in einem Naheverhältnis [stand], wie es in der Familie zwischen Eltern und Kindern gewöhnlich besteht», wobei die grundlose Ablehnung des persönlichen Verkehrs durch den Erblasser das Recht auf Pflichtteilsminderung untergehen lässt.[10] Die Motion Gutzwiller hat andere Situationen im Blick, so zunächst die Situation der Weitergabe des Familienunternehmens an die nächste Generation. Der Pflichtteil kann dort zu Schwierigkeiten führen, wo ein Nachkomme das Familienunternehmen übernehmen soll und eine Auszahlung der Pflichtteile an die anderen Nachkommen zu Eingriffen in die Substanz des Unternehmens zwingt. Des Weiteren wird der Pflichtteilsschutz als Hindernis für gemeinnützige Zuwendungen und für Begünstigungen der Enkel betrachtet. Die Motion Gutzwiller regt schliesslich an, aus den bereits genannten Gründen das Pflichtteilsrecht der Eltern abzuschaffen.

Auf der Ebene des gesetzlichen Erbrechts wird diskutiert, nichteheliche Lebenspartnerinnen und -partner als gesetzliche Erben aufzunehmen. In diese Richtung zielt auch die Motion Gutzwiller. Im Nationalrat wurde allerdings die Motion dahingehend abgeändert, dass die nichteheliche Lebensgemeinschaft auf keinen Fall mit der Ehe gleichgestellt werden darf.[11] In der juristischen Literatur – und dies hat noch keinen Widerhall in der Politik gefunden – wird auch über ein gesetzliches Erbrecht von Stiefkindern nachgedacht (Muscheler, 2006, S. 198).

---

[10] § 773a Allgemeines Bürgerliches Gesetzbuch (ABGB).
[11] Amtliches Bulletin Nationalrat 2011, S. 107 ff.; Amtliches Bulletin Ständerat 2011, S. 489.

Auf den ersten Blick erscheinen diese Reformvorschläge einleuchtend und auch einfach umsetzbar. Das Beispiel unserer ganz normalen Patchwork-Familie zeigt aber, dass die Aufgabe vielleicht doch etwas anspruchsvoller ist:

- Wann sollen soziale Beziehungen als so nah gelten, dass sich ein gesetzliches Erbrecht daraus ergibt? Soll beispielsweise ein nicht-ehelicher Partner wie ein Ehegatte erben, wenn die Partnerschaft fünf Jahre gedauert hat, wie dies das neuseeländische Recht vorsieht (Cottier & Aeschlimann, 2010, S. 124 ff.)?
- Was soll gelten, falls es – was gar nicht selten ist – sowohl eine Ehe-frau oder einen Ehemann *und* eine de facto Partnerin oder einen de facto Partner gibt? Sollen Stiefkinder nach Ablauf einer bestimmten Zeitdauer der Beziehung (fünf Jahre, zehn Jahre) ebenfalls erbbe-rechtigt sein, unabhängig von der Nähe der Beziehung?
- Ist es richtig, zu ermöglichen, dass entfremdeten Kindern der Pflicht-teil entzogen wird oder dieser reduziert wird, wenn sie bereits unter der frühen Trennung von einem Elternteil zu leiden hatten?

Diese Fragen weisen auf zu treffende normative Entscheidungen hin. Zu klären ist aber auch, wie diese Beziehungen in der gesellschaftlichen Wirklichkeit definiert und gelebt werden. In der juristischen Literatur versucht man, mit generell-abstrakten normativen Prinzipien Antwor-ten zu finden (vgl. zum Folgenden im Einzelnen Cottier, 2010, S. 212 ff.). Zunächst einmal, wenn es um die Ausgestaltung des *gesetzlichen Erb-rechts* geht, ist die rechtswissenschaftliche Reformdebatte geleitet von der Idee, dass es erbrechtliche «Normalverhältnisse» gibt, an denen sich die Gesetzgebung zu orientieren habe. Wenn die «Normalverhältnis-se» sich verändern – so die rechtswissenschaftliche Perspektive – muss sich auch das Recht anpassen. In eine ähnliche Richtung zielt die Idee, dass das gesetzliche Erbrecht sich am «durchschnittlichen Erblasser» orientieren müsse, dessen «mutmaßlicher Wille» im Erbrecht seinen Ausdruck finden sollte. Die Problematik dieser Orientierung ist, dass sie im Widerspruch steht zur Feststellung der Pluralisierung der Fami-lienformen. Es gibt die Normalverhältnisse und den durchschnittlichen Erblasser nicht. Selbst bei äusserlich identischen Lebenssituationen können wir nicht davon ausgehen, dass die Betroffenen das gleiche möchten: Manche Menschen, die in einer nichtehelichen Lebensge-meinschaft leben, gehen davon aus, dass ihr Partner abgesichert ist, während andere wegen dem fehlenden gesetzlichen Erbrecht auf die Heirat verzichtet haben. Die Stiefkindbeziehung kann eine sehr nahe oder eine sehr distanzierte sein. Der Orientierung am «mutmass-lichen Erblasserwillen» wird von Kritikern das Prinzip der «Familienbin-dung» entgegengesetzt, also die Idee, dass das Vermögen Verstorbener grundsätzlich an ihre Familie gebunden ist. Auch diesbezüglich wird ausgeblendet, dass es heute eben gerade am gesamtgesellschaftlichen Konsens darüber fehlt, was als Familie gilt.

Geht es um das *Pflichtteilsrecht*, ist das normative Prinzip, das zum dominanten Topos im Rahmen der Debatte um die Reform des Erb-rechts geworden ist, das der «intergenerationellen» oder «familiären Solidarität». Aufgrund der soziologischen Feststellung, dass Solidarität in den Generationenbeziehungen nach wie vor eine relativ verbreitete Realität ist, soll sie auch mittels Rechtspflichten, also insbesondere dem Pflichtteilsrecht durchgesetzt werden können. Ansonsten sei eine negative Signalwirkung und eine Erosion der Generationensolidarität zu befürchten. Eine diametral entgegengesetzte Position, die von der Feststellung einer heterogenen Vielfalt in den aktuellen Generationen-beziehungen ausgeht, sieht die einzige Legitimation für die private Vermögensvererbung in der tatsächlich gelebten Solidarität. So vertritt etwa der Soziologe Jens Beckert die Auffassung, dass das Pflichtteils-recht ganz abgeschafft werden müsse, da fixe Pflichtteile für Kinder, Ehepartner oder Eltern gerade in der Zeit der Pluralisierung der Famili-enformen oftmals nicht mehr der faktischen Nähe und den subjektiven Verpflichtungen entsprächen (Beckert, 2007, S.9). Das rechtspolitische Postulat der Abschaffung des Pflichtteilsrechts wird dabei mit einer Auffanglösung verbunden: Bedürftige oder unterhaltsabhängige An-gehörige sollen für eine Übergangszeit Unterhaltszahlungen aus dem Nachlass erhalten. Dieses Modell ist dem Recht von England und Wales bekannt.[12]

Schluss

Abschliessend kann festgehalten werden: Die «Normalfamilie» und den «durchschnittlichen Erblasser» gibt es heute nicht mehr. Das Erbrecht muss angesichts der Pluralisierung von Familienformen und -werten für eine Vielzahl von Bedürfnissen passen. In der Reformdiskussion sind nach wie vor viele Fragen offen: Bei der Definition neuer Beziehungs-kategorien (nichteheliche Lebenspartner, Stiefkinder) im Bereich des gesetzlichen Erbrechts muss die Heterogenität der Beziehungskonstel-

---

[12] Inheritance (Provision for Family and Dependants) Act 1975.

lationen Berücksichtigung finden. Im Rahmen der Abschaffung oder Flexibilisierung des Pflichtteils muss darüber nachgedacht werden, wie legitimen Schutzinteressen und Gerechtigkeitsaspekten (Gleichbehandlung der Nachkommen, Ausgleich von Betreuungs- und Pflegeleistungen etc.) auf andere Weise Nachachtung verschafft werden kann. Diese Fragen werden nicht zuletzt im Rahmen einer gesamtgesellschaftlichen Auseinandersetzung um die normativen Grundlagen des Erbrechts geklärt werden müssen.

Literatur

Beckert, J., 2007: *Familiäre Solidarität und die Pluralität moderner Lebensformen – Eine gesellschaftstheoretische Perspektive auf das Pflichtteilsrecht.* In: Reformfragen des Pflichtteilsrechts. Symposium vom 30.11.–2.12.2006 in Salzau, hrsg. v. A. Röthel, Köln.

Breitschmid, P., 2007: *Das Gut rinnt wie das Blut, oder wie Gesellschaft, Gesetz oder Individuen es wollen?: Fragen zu Erbe und (Kenntnis der) Abstammung,* In: Successio, S. 142–149.

Breitschmid, P. et al., 2010: *Erbrecht,* Zürich.

Cottier, M., 2010: *Soziologisches Wissen in Debatten um die Reformbedürftigkeit des Erbrechts.* In: Wie wirkt Recht?, hrsg. v. M. Cottier, J. Estermann & M. Wrase, Baden-Baden, S. 203–226.

Cottier, M./Aeschlimann, S., 2010: *Nichteheliche Lebensgemeinschaften (Cohabitation): Neuere Rechtsentwicklungen in Australien, Neuseeland und Grossbritannien.* In: Die Praxis des Familienrechts FamPra.ch, S. 109–131.

Druey, J. N., 2002: *Grundriss des Erbrechts,* 5. Aufl., Bern.

Fellows, M. L./Simon, R. J./Rau, W., 1978: *Public Attitudes About Death and Intestate Succession Laws in the United States.* In: American Bar Foundation Research Journal, S. 319–391.

Finch, J./Mason, J., 2000: *Passing on: Kinship and inheritance in England,* London.

Flüe, K. v., 2011: *Letzte Dinge: Fürs Lebensende vorsorgen – mit Todesfällen umgehen,* 2. Aufl., Zürich.

Gabathuler, T., 2010: *Erben und Vererben: Vom Testament bis zur Erbteilung. Alles über Erbvorbezüge, Ehe- und Erbverträge, Willensvollstrecker und Pflichtteile,* 8. Aufl., Zürich.

Hrubesch-Millauer, S., 2011: *Erbrecht (in a nutshell),* Zürich/St. Gallen.

Lettke, F., 2006: *Vererbungsmuster in unterschiedlichen Familienformen.* In: Soziale Ungleichheit, kulturelle Unterschiede. Verhandlungen des 32. Kongresses der Deutschen Gesellschaft für Soziologie in München 2004, hrsg. v. Deutsche Gesellschaft für Soziologie, Frankfurt, S. 3831–3843.

Muscheler, K., 2006: *Stieffamilie, Status und Personenstand.* In: Das Standesamt, S. 189–199.

Nave-Herz, R., 2009: *Familie heute: Wandel der Familienstrukturen und Folgen für die Erziehung,* 4. Aufl., Darmstadt.

Peuckert, R., 2008: *Familienformen im sozialen Wandel,* 7. Aufl., Wiesbaden.

Studer, B., 2010: *Testament, Erbschaft: Wie sie klare und faire Verhältnisse schaffen. Ein Ratgeber aus der Beobachter-Praxis,* 15. Aufl., Zürich.

Autorenverzeichnis

JÜRG ALTWEGG, Elektroingenieur und Erwachsenenbildner. Seit 4 Jahren Projekt-
leiter des Mehrgenerationenhauses in Winterthur, kümmert er sich um die Anliegen
der zukünftigen Bewohnerschaft. Er vertritt das Projekt auch in der Öffentlichkeit
– sei das in Referaten, im Internet oder in den Medien.

FRANJO AMBROŽ, lic.phil.I, Pro Senectute Kanton Zürich, Vorsitzender der Geschäfts-
leitung. Studium der Psychologie und Politologie; Ausbildung zum Psychotherapeu-
ten, Supervisor und Coach; Zusatz- und Weiterbildung in Organisationsentwicklung
(OE) und Lehrgang in Non-Profit-Management.

MICHELLE COTTIER ist seit 2009 Assistenzprofessorin für ZGB und Rechtssoziologie
an der Juristischen Fakultät der Universität Basel. Ihre Lehr- und Forschungsschwerpunkte sind Familienrecht, Erbrecht, Personenrecht, Rechtsvergleichung, Rechtssoziologie und Legal Gender Studies.

MARTINA DUBACH, Dr. phil. II, ist seit 1987 für das Forum für Universität und Gesellschaft der Universität Bern tätig, seit 2002 als Geschäftsleiterin. Sie ist u.a. verantwortlich für die Initiierung und Durchführung der Projekte des Forums. Studium der
Biologie an der Universität Zürich, Promotion 1980.

MARGARETA HEHL, diplomierte medizinische Laborantin, Praxis- und Operations-
assistentin, Mutter von 5 Kindern, seit 30 Jahren in verschiedenen politischen Res-
sorts tätig, Erwachsenenbildnerin im Bereich «Politische Bildung für Frauen», Erfahrung in der Leitung von Projekten.

FRANÇOIS HÖPFLINGER ist Soziologe und seit 1994 Titularprofessor für Soziologie
an der Universität Zürich. 1999–2008 war er Forschungsdirektor des Universitären
Instituts Alter und Generationen (INAG) in Sion. Seine Forschungsschwerpunkte sind
Altersforschung, Familien- und Generationenfragen sowie Bevölkerungsentwick-
lung.

ELENA HUBSCHMID, MScBA, Dr. rer. oec., wissenschaftliche Assistentin am IOP der
Universität Bern. Ihre Forschungsschwerpunkte umfassen Employer Branding und
Personalmarketing, interkulturelles Personalmanagement sowie Diversity Manage-
ment.

MARGRIT HUGENTOBLER leitet die interdisziplinäre Forschungsstelle ETH Wohnforum
– ETH CASE (Centre for Research on Architecture, Society & the Built Environment)
am Departement Architektur der ETH Zürich. Sie hat in Soziologie/Politikwissen-
schaften promoviert und befasst sich mit Fragen der Wohnversorgung und Entwicklung von Wohnqualität im städtischen Kontext. Einer ihrer Forschungsschwerpunkte bildet das Thema Wohnen und Lebensgestaltung in der zweiten Lebenshälfte.

MARTIN KOHLI ist seit Oktober 2004 Soziologie-Professor am Europäischen Hoch-
schulinstitut in Fiesole/Florenz. Zuvor war er Professor für Soziologie an der Freien
Universität Berlin (seit 1977) und leitete dort die Forschungsgruppe Altern und
Lebenslauf (FALL).

Christoph Morgenthaler, Dr. theol. und phil., von 1978–1986 tätig als Pfarrer, von 1990–2012 ordentlicher Professor für Seelsorge und Pastoralpsychologie an der Theologischen Fakultät der Universität Bern. Arbeits- und Forschungsschwerpunkte sind u.a. Systemische Seelsorge, religiös-existentielle Beratung, Pastoralpsychologie und Religionspsychologie sowie empirische Forschung in der Praktischen Theologie.

Pasqualina Perrig-Chiello ist Honorarprofessorin am Institut für Psychologie der Universität Bern. Lehr- und Forschungsschwerpunkte: Wohlbefinden und Gesundheit über die Lebensspanne, kritische Lebensereignisse, familiale Generationenbeziehungen. Sie leitete das Nationale Forschungsprogramm 52 «Generationenbeziehungen» und ist Mitherausgeberin des Generationenberichts Schweiz 2008.

Ruth Reusser, Dr. iur., ehemalige stv. Direktorin des Bundesamtes für Justiz und Leiterin des Direktionsbereichs Privatrecht. Sie war 37 Jahre in der Gesetzgebung tätig und präsidierte die Expertenkommission für die Totalrevision des Vormundschaftsrechts. Ihr Spezialgebiet ist das Familienrecht, das in Etappen grundlegend erneuert wurde. Sie ist Mitverfasserin des Berner Kommentars zum Eherecht und Mitherausgeberin des Basler Kommentars zum neuen Erwachsenenschutzrecht.

Verena Steiner, wissenschaftliche Mitarbeiterin beim Bundesamt für Wohnungswesen, Grenchen. Mitglied einer Bürogemeinschaft in Zürich mit Schwerpunkt Umbauten. Nach dem Studium der Architektur an der ETH Zürich Mitarbeit in diversen Architekturbüros in Bern und Zürich. Von 1988 bis 1990 Nachdiplomstudium Raumplanung an der ETH Zürich.

Heidi Stutz, lic. phil. hist., ist Sozialökonomin und Wirtschaftshistorikerin und Mitinhaberin des Büros für arbeits- und sozialpolitische Studien BASS in Bern. Ihre Arbeits- und Forschungsschwerpunkte sind Soziale Sicherung, Gleichstellung, sowie Familien- und Generationenfragen.

Marc Szydlik, Prof. Dr., von 2000–2004 Professor an der Universität Erfurt. Seit 2004 Professor für Soziologie an der Universität Zürich, seit 2005 Leiter der Forschungsgruppe Arbeit, Generation, Sozialstruktur (AGES) und Direktor des Soziologischen Instituts. Forschungsschwerpunkte: Sozialstruktur, Lebenslauf, Arbeit, Generationen, Empirische Sozial- und Wirtschaftsforschung.

Norbert Thom, Prof. em. Dr. Prof. h. c. Dr. h. c. mult., ehemals Direktor des Instituts für Organisation und Personal (IOP) der Universität Bern. Ordentlicher Professor für Betriebswirtschaftslehre im Ruhestand. Schwerpunkte: Innovation, Organisation und Personal.

Barbara Zohren, Sekundarlehrerin phil. hist., Diplombibliothekarin, 15 Jahre in leitender Funktion der Kornhausbibliotheken mit Personalführung. Weiterbildung in Bibliotheksmanagement und Betriebswirtschaft.

Martina Dubach (Hrsg.)

Evolution wohin?

Die Folgen der darwinschen Theorie

*2012, 310 Seiten, zahlreiche Abbildungen,
Format 17 x 24 cm, broschiert
ISBN 978-3-7281-3473-8*

Die Aussagen Darwins bilden bis heute die Basis für die moderne Evolutionsforschung. Das Forum für Universität und Gesellschaft der Universität Bern hat nachgefragt, was aus der Theorie geworden ist, die vor über 150 Jahren im bahnbrechenden Werk «On the Origin of Species by Means of Natural Selection» formuliert worden ist. Experten aus Geschichte, Geologie, Molekularbiologie, Verhaltensforschung, Theologie, Medizin, Ethik und Recht sind den Fragen nachgegangen: Welche Aussagen Darwins sind heute widerlegt? Welche haben noch immer Bestand? Welche Themen und Probleme drängen sich in der heutigen Gesellschaft und in der modernen Forschung auf? Wo zeichnen sich ethische Grenzen ab?

Der Sammelband wirft Schlaglichter auf die aktuellen Interpretationen der darwinschen Theorie. In vier Teilen führt die Auslegeordnung von der Wissenschaftsgeschichte bis hin zur theologischen Interpretation der Schöpfung und zum Kernproblem der Evolutionstheorie: der Kooperation. Die Beiträge spannen einen weiten Bogen von den selbstreplizierenden Molekülen am Ursprung des Lebens zur Perfektionierung des Menschen durch gezielte Manipulation an der Grenze von natürlicher und künstlicher Evolution. Biologische, ethische und rechtliche Barrieren werden errichtet und von der Science-Fiction-Literatur elegant übersprungen.

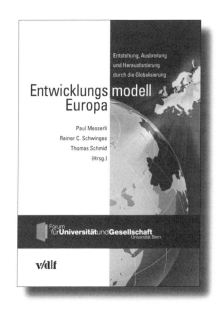

Paul Messerli, Rainer C. Schwinges,
Thomas Schmid (Hrsg.)

Entwicklungsmodell Europa

**Entstehung, Ausbreitung und Heraus-
forderung durch die Globalisierung**

*2011, 240 Seiten, Format 17 x 24 cm,
broschiert
ISBN 978-3-7281-3371-7*

Der Vorsprung Europas als Teil der westlichen Welt scheint heute in materieller und institutioneller Hinsicht in Frage gestellt zu sein. 200 Jahre nach dem Aufbruch insbesondere Westeuropas in das industrielle Zeitalter ist gerade sein wirtschaftlich-technischer Vorsprung, wenn nicht eingeholt, so doch stark bedrängt.

Vor diesem Hintergrund erheben sich Fragen zur europäischen Modernisierungsgeschichte, die im vorliegenden Band als «Referenzmodell» analysiert und den Entwicklungspfaden Chinas und Indiens gegenübergestellt wird:

- Was lässt sich aus der Rekonstruktion des europäischen Weges lernen?
- Lassen sich die für Europa gültigen Erfolgsfaktoren in andere Kulturkreise übertragen?
- Wird der wirtschaftlich-technische Entwicklungspfad der europäisch-westlichen Welt zwangsläufig zum Leitbild der Entwicklung schlechthin?
- Ist das europäische Entwicklungsmodell angesichts neuer Herausforderungen und Konkurrenzen als robust einzuschätzen oder muss auch Europa lernen?

Die hier versammelten Analysen von Kennern der europäischen und aussereuropäischen Geschichte, die als Historiker, Ökonomen, Kulturwissenschafter und Geographen in der Entwicklungsforschung aktiv sind, beruhen auf Beiträgen zur gleichnamigen Tagung des «Forums für Universität und Gesellschaft» der Universität Bern.

«Als Resümee wird überlegt, auf welchen Gebieten Europa zukünftig Vorbild bleiben und wie es selbst von anderen Kulturen lernen könnte. Eine Bilanz des europäisch-asiatischen Kulturtransfers für Leser, die abstrakte Sprache und theoretische Überlegungen nicht scheuen.»
(corporAID Magazin, Juli/August 2011, S. 53)

Thomas Cottier, Rachel Liechti-McKee
(Hrsg.)

Die Schweiz und Europa

Wirtschaftliche Integration und institutionelle Abstinenz

2009, 360 Seiten, zahlr. Abbildungen,
Format 17 x 24 cm, broschiert
ISBN 978-3-7281-3185-0

Die Schweiz – gewachsen in einem langen Integrationsprozess und historisch die erste mehrsprachige Demokratie und Republik des Kontinents – tut sich schwer im Prozess der europäischen Integration. Sie hat ihren Platz noch nicht gefunden. Wirtschaftliche Integration in die Europäische Union und Bewahrung tradierter Identität und Institutionen stehen in einem Spannungsfeld, das der bilaterale Weg nicht aufzulösen vermag. Der Band widerspiegelt die Ergebnisse einer Reihe von Vorträgen, Workshops und Panels zu diesem Spannungsfeld.

Juristische, politische, wirtschaftliche, historische und kulturelle Stellungnahmen setzen sich mit der Rolle der Schweiz im 21. Jahrhundert auseinander. Sie prüfen staatspolitische und wirtschaftliche Auswirkungen der Regionalisierung und Globalisierung auf die Schweiz und fragen, welche Risiken und Chancen ein Beitritt der Schweiz zur Europäischen Union mit sich bringt. Der Band bietet nebst fundierten Informationen eine beeindruckende Vielfalt unterschiedlicher Meinungen.

«Es bleibt dem Band zu wünschen, dass er in der europapolitischen Diskussion zur Kenntnis genommen wird und dazu beiträgt, die sich stellenden Fragen nüchtern und unvoreingenommen anzugehen und dazu einlädt, sich vertieft mit dem einen oder anderen Aspekt zu befassen.»
(Astrid Epiney, Deutsches Verwaltungsblatt DVBl 3, 1. Feb. 2011, S. 158)

2008, 208 Seiten, zahlr. Abbildungen,
Format 17 x 24 cm, broschiert
ISBN 978-3-7281-3025-9

Gerd Grasshoff, Rainer C. Schwinges (Hrsg.)

Innovationskultur

Von der Wissenschaft zum Produkt

Der Band beleuchtet aus unterschiedlicher Perspektive die för-
dernden oder hemmenden Bedingungen während des Innovati-
onsprozesses von der Grundlagenforschung bis zum marktfähigen
Produkt. Neben Beiträgen aus der Innovationsforschung kommen
bekannte Innovationsakteure und -akteurinnen aus Wissenschaft
und Industrie direkt zu Wort. Sie werden befragt, wie sie die persönlich erlebten Förderbedingungen bewerten und wie sich nach
ihrer Erfahrung Innovationskultur schaffen lässt.

Unterschieden wird in der Innovationsforschung als Ergebnisse
von innovativen Prozessen:

(A) wissenschaftliche Erkenntnisse, häufig noch in Form von
Grundlagenwissen,

(B) technologische Umsetzungen und

(C) marktfähige Produkte mit jeweils eigenen Indikatoren.

Das Verständnis der dynamischen Zusammenhänge zwischen
diesen Wissensdomänen ist heute noch sehr lückenhaft. Zumeist,
aber nicht immer, findet eine chronologische Entwicklung von
(A) nach (C) statt, die sich bei umfassenden Innovationen in der
heutigen Zeit immer noch über einen Zeitraum von mehr als 15
Jahren erstreckt.

2005, 292 Seiten,
Format 17 x 24 cm, broschiert
ISBN 978-3-7281-2964-2

Samuel Leutwyler, Markus Nägeli (Hrsg.)

Spiritualität und Wissenschaft

Spiritualität und Wissenschaft sind zwei unterschiedliche Ansätze,
die Welt zu erfahren und zu erklären. Die gegenseitige Skepsis
macht jedoch den Dialog schwierig. Das Projekt «Spiritualität
und Wissenschaft» hat Sachverständige beider Bereiche zum
Gespräch zusammengeführt: In ihren Beiträgen wagen Manager,
Soziologen, Theologinnen, Philosophen, Mediziner, Mönche und
spirituelle Lehrerinnen Definitionen und berichten über ihre
Untersuchungen und Erfahrungen. Indem sie die Beziehungen
zwischen Spiritualität und Religion, Medizin, Wirtschaft und Wissenschaft ausleuchten, skizzieren sie ein differenziertes Bild der
beiden Wirklichkeitsbeschreibungen und ihres Wechselspiels bei
der Erfassung der «Realität».

Der Band beruht auf einer gleichnamigen Veranstaltungsreihe des
Forums für Universität und Gesellschaft der Universität Bern. Er
wird ergänzt durch eine CD mit einer Sendung von Radio «chrüz
u quer» zu den projektbegleitenden Workshops über spirituelle
Wege.

2., durchgesehene Auflage 2005,
288 Seiten, Tabellen und Grafiken,
Format 17 x 24 cm, broschiert
ISBN 978-3-7281-2983-3

Norbert Thom, Joanna Harasymowicz-Birnbach (Hrsg.)

Wissensmanagement im privaten und öffentlichen Sektor

Was können beide Sektoren voneinander lernen?

Die unsere Welt prägenden fundamentalen wirtschaftlichen, technologischen und sozialen Veränderungen wirken sich seit einigen Jahren gleichermassen auf den Staat und die Wirtschaft aus. In diesem Zusammenhang werden immer intensiver Möglichkeiten und Wege des gegenseitigen Lernens diskutiert, bei denen Verwaltungen und Unternehmen ihre jeweiligen Schwächen durch Einbindung der beim anderen Sektor beobachteten und bewährten Methoden und Instrumente effektiv und effizient abbauen. Dabei stellen sich auch Fragen im Bereich des Wissensmanagements im Sinne eines gezielten Umgangs mit der Ressource «Wissen».

Das Buch dokumentiert die Ergebnisse einer vom Forum für Universität und Gesellschaft der Universität Bern organisierten Tagung. Es bietet fundierte Informationen zum Gebiet Wissensmanagement aus Sicht verschiedener Fachdisziplinen, unterschiedlicher Betriebstypen sowie mehrerer Länder. Damit soll versucht werden, eine Brücke zwischen Praxis und Theorie einerseits sowie zwischen öffentlichem und privatem Sektor andererseits zu schlagen.

2001, 220 Seiten,
Format 17 x 24 cm, broschiert
ISBN 978-3-7281-2789-1

Richard J. Watts, Heather Murray (Hrsg.)

Die fünfte Landessprache?
Englisch in der Schweiz

Wird Englisch zur fünften Landessprache der Schweiz? Kaum – aber die Tatsache, dass die Frage überhaupt gestellt wird, wirft ein grelles Schlaglicht auf den Status der englischen Sprache in der Schweiz. Zu einem Zeitpunkt, wo es wichtiger denn je ist, ob und wie die Schweiz den Anschluss an Europa und den Zugang zur globalen Marktwirtschaft findet, ist die Frage nach dem Kommunikationsmittel, der Sprache also, von eminenter Bedeutung. Der Vormarsch des Englischen wird in nächster Zeit wohl nicht aufzuhalten sein. Aber will die Schweiz gerade deswegen einen ihrer wichtigsten Trumpfkarten ausspielen – ihre wertvollen Erfahrungen mit dem Zusammenleben verschiedener Kulturen und deren Mehrsprachigkeit?

Die vorliegenden Beiträge sind eine Bestandesaufnahme der gegenwärtigen Situation und versuchen, das Problem sachlich zu beleuchten. Sie bieten keine direkte Antwort, aber sie eröffnen die kritische Diskussion.

2001, 256 Seiten, zahlr. Abbildungen,
Format 17 x 24 cm, broschiert
ISBN 978-3-7281-2703-7

Hansjürg Mey, Daniel Lehmann Pollheimer (Hrsg.)

Absturz im freien Fall –
Anlauf zu neuen Höhenflügen

Gutes Entscheiden in Wirtschaft, Politik und Gesellschaft

Die Befindlichkeit unseres Landes am Ausgang des 20. Jahrhunderts vermittelt ein eigenartig gespaltenes Bild. Während sich an der Oberfläche mehr oder weniger Ruhe und gesellschaftlicher Wohlstand zeigen, mehren sich die ungelösten Probleme und bilden eine latente Bedrohung. Gerade in jüngster Zeit wurden wiederholt wichtige Entscheide gefällt, die noch nicht ausgereift waren und zu unerwarteten Konsequenzen führten. Schlimmstenfalls wurden Probleme ungelöst an Bürgerinnen und Bürger delegiert.

Fehlt es an der Bereitschaft oder an der Fähigkeit, angemessen Entscheide zu fällen? Wie kommen Entscheide überhaupt zustande, wie sind sie motiviert? Und welche Mechanismen führen schliesslich zu «guten» Lösungen, welche zu «schlechten»?
Vier Beispiele aus der jüngsten Vergangenheit bilden den Ausgangspunkt, um gängige Entscheidungsmechanismen genauer zu untersuchen. Gefragt wird auch nach der Rolle der Entscheidungsträger und danach, welche Fähigkeiten die Hochschulen ihren Absolventen mitgeben sollten, damit sie zu «guten» Entscheidungsträgern in Wirtschaft, Politik und Verwaltung werden.

2001, 200 Seiten,
Format 17 x 24 cm, broschiert
ISBN 978-3-7281-2706-8

Rainer C. Schwinges, Paul Messerli, Tamara Münger (Hrsg.)

Innovationsräume

Woher das Neue kommt – in Vergangenheit und Gegenwart

In einer globalisierten Welt, so könnte man meinen, ist für Unternehmen, Branchen und Forschung überall alles möglich – tatsächlich aber existieren auch heute noch Räume, die als Standorte höher im Kurs stehen als andere.

Ist es darum, weil in diesen Regionen ein über Jahrzehnte oder gar Jahrhunderte lebendig erhaltenes Spezialwissen bereits vorhanden ist, weil sich hier Hochschulen, Forschungsinstitute, Ausbildungsstätten mit den Bedürfnissen der regionalen Wirtschaft und Kultur beschäftigen? Hat es mit der umsichtig gepflegten Infrastruktur in diesen Landschaften zu tun, mit der Ansiedlung verwandter Gewerbe und Industrien, mit vorhandenen Dienstleistungen?
Die Beiträge in dem Buch gehen diesen Fragen nach.

1999, 360 Seiten,
zahlr. Abb. und Tabellen,
Format 17 x 24 cm, broschiert
ISBN 978-3-7281-2647-4

Ruth Kaufmann-Hayoz, Christine Künzli (Hrsg.)

«… man kann ja nicht einfach aussteigen.»

Kinder und Jugendliche zwischen Umweltangst und Konsumlust

Kinder und Jugendliche leben mit Umweltangst und Konsumlust. Aber beide Orientierungen stehen in ihrem Bewusstsein unverbunden nebeneinander. Versäumen wir es etwa, die Heranwachsenden zu lehren, was Umwelt und Konsum miteinander zu tun haben? Lassen wir sie mit den schwierigen Herausforderungen und Belastungen allein, anstatt ihnen zu zeigen, wie sie diese bewältigen können? Hören wir zuwenig auf ihre Stimmen, die uns auffordern, auch an ihre Zukunft zu denken und sie in die Gestaltung dieser Zukunft einzubeziehen?

Expertinnen und Experten aus Wissenschaft und Praxis haben sich mit diesen Fragen an einem Symposium der Akademischen Kommission der Universität Bern auseinandergesetzt.

1998, 264 Seiten,
Format 17 x 24 cm, broschiert
ISBN 978-3-7281-2598-9

Peter Rusterholz, Anna Liechti (Hrsg.)

Universität am Scheideweg

Herausforderungen – Probleme – Strategien

Die Universität ist strukturell und in ihrem Aufgabenbereich an der Grenze ihrer Möglichkeiten angelangt. Obwohl die Zahl der Studierenden kontinuierlich steigt, kürzt der Staat das Budget der Universitäten. Die hohe Qualität in Lehre und Forschung ist dadurch gefährdet. Gleichzeitig zeichnet sich durch die Globalisierung der Wissenschaft und die Forderung nach interdisziplinärer Forschung ein fundamentaler Wandel in der Wissensorganisation ab. Die Universität muss sich in einem veränderten gesellschaftlichen Umfeld und in der Konkurrenz mit anderen Wissenschaftsorganisationen reformieren und neu positionieren.